AF208273

Ostpreußen

Heinz Krause

Tausend Tage Unterwegs

VERTREIBUNG OHNE WIEDERKEHR

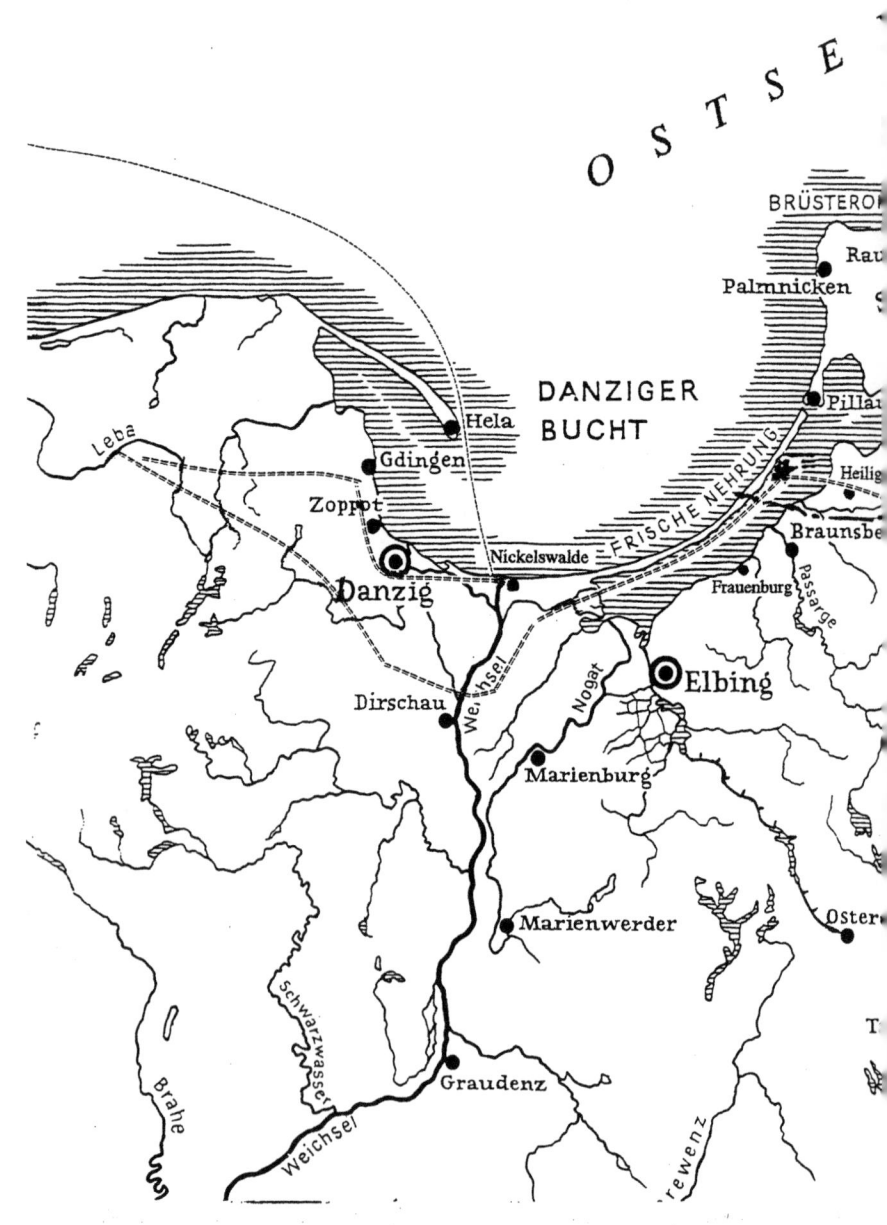

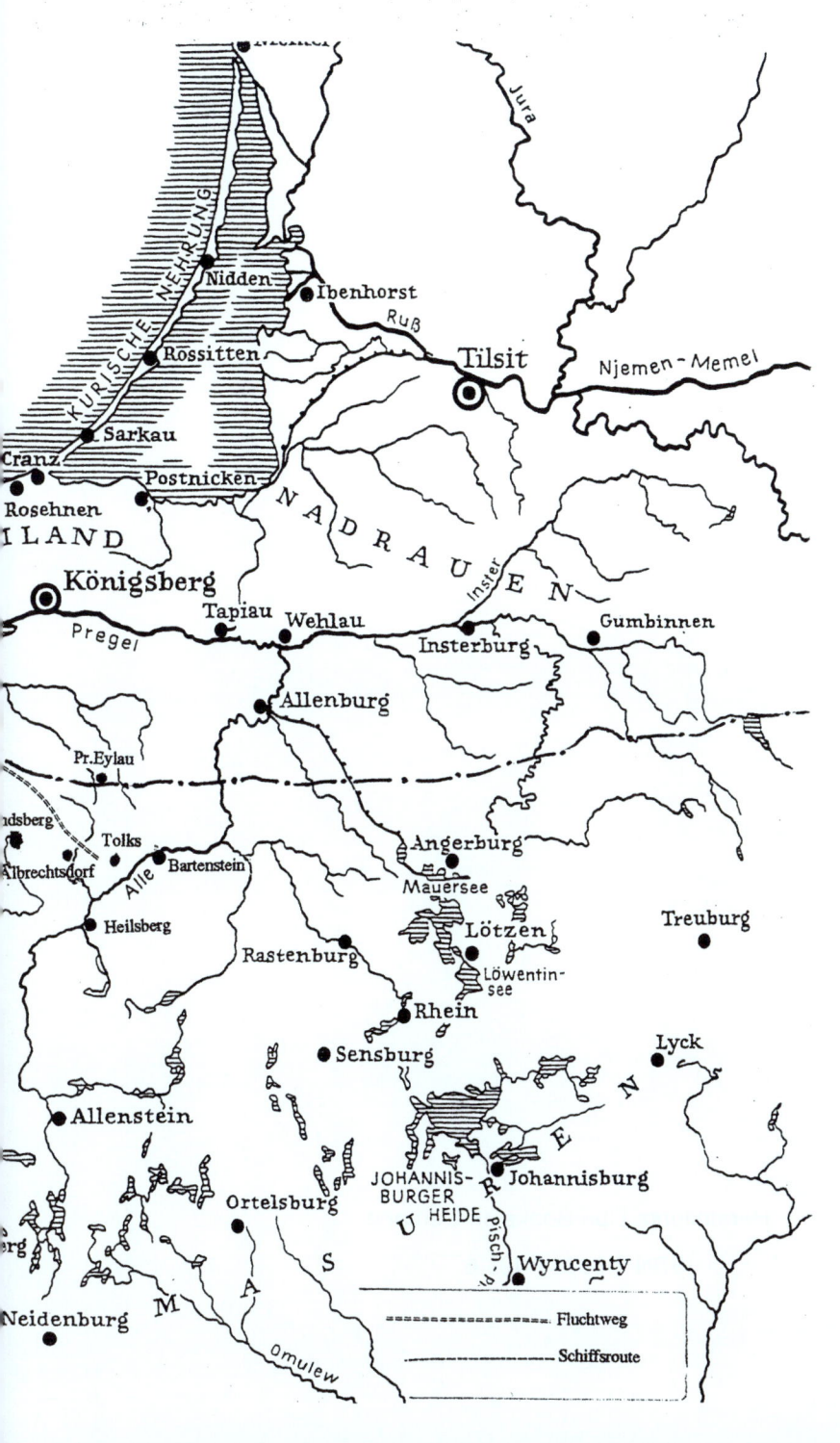

Nidden

Ibenhorst

Ruß

Tilsit

Njemen-Memel

Jura

KURISCHE NEHRUNG

Rossitten

Sarkau

Cranz

Postnicken

Rosehnen

ILAND

N A D R A U E N

Insler

Königsberg

Pregel

Tapiau

Wehlau

Insterburg

Gumbinnen

Allenburg

Pr.Eylau

ndsberg

Tolks

Albrechtsdorf

Alle

Bartenstein

Heilsberg

Angerburg

Mauersee

Lötzen

Löwentin-
see

Treuburg

Rastenburg

Rhein

Lyck

Sensburg

E

N

Allenstein

Ortelsburg

JOHANNIS-
BURGER

HEIDE

Johannisburg

Pisch-R.

R

U

M

A

S

Wyncenty

Neidenburg

Omulew

- - - - - - - Fluchtweg

————— Schiffsroute

Herstellung: Libri Books on Demand

ISBN 3-89811-423-6

Vorwort

Im Januar 1945 begann der große Treck in Ostpreußen, die Flucht von Millionen Menschen bei eisiger Kälte. Zahllose Bewohner der deutschen Ostgebiete wurden von der Front überrollt und ermordet, starben an Hunger und Kälte, brachen in das Eis des Frischen Haffes oder gingen mit torpedierten Schiffen unter. Auf dem Haff spielten sich schreckliche Szenen ab. So wie wir versanken Pferdewagen reihenweise im eisigen Wasser, bevor sie die rettende Nehrung erreichen konnten.

Viele Tausende kamen in Feuer und Bombenhagel in den Städten ums Leben. Der Weg nach Westen war von der Roten Armee abgeschnitten worden. Die Russen übten blutige Rache. Unsere Familie und wer großes Glück hatte, konnte sich mit einem Schiff über die Ostsee nach Dänemark oder in den Westen Deutschlands retten. Millionen von Menschen wurden verschleppt und bleiben verschollen, 2,2 Millionen kamen um.

Gemeinsam mit einer Familie aus unserem Ort Tolks im Kreis Pr. Eylau überlebten auch Mutter und wir vier Geschwister dieses furchbare, unmenschliche Geschehen.

Der Bericht beruht auf Tatsachen und spiegelt das Schicksal von Millionen wieder. Ein Wunder oder eine Fügung war es, daß wir fast unversehrt den Bombenhagel und die Feuersbrunst in der Stadt Danzig überlebten und uns dann mit einem Frachtschiff, es war die "Lappland" mit ca. 7500 Flüchtlingen an Bord, über die Ostsee nach Dänemark retten konnten. Unsere ganze "Habe" war Mutter´s Handtasche mit aufgeweichten Papieren, die wir nach dem

Untergang des Pferdefuhrwerks aus dem Haffwasser gefischt hatten. Nicht einmal das besaß unsere Nachbarfamilie, mit der wir unser Schicksal teilten.

Zweieinhalb Jahre verbrachten wir in mehreren Internierungslagern in Dänemark, wurden wie Naziverbrecher hinter Stacheldraht gehalten, von bewaffneten Posten bewacht, und als Versuchsobjekte für neue Medikamente mißbraucht. Wir lebten die ganze Zeit in Baracken, bis zu 24 Personen in einem Raum.

Die dänische Bevölkerung hat immer geglaubt, die insgesamt 250.000 Flüchtlinge aus dem deutschen Osten hochanständig behandelt zu haben. Aber eine Studie, die von einer dänischen Oberärztin betrieben worden ist, hat ergeben, daß in den Jahren von 1945 bis 1949 in den Flüchtlingslagern unter den 13.492 Verstorbenen mehr als 7000 Kinder unter fünf Jahren an Unterernährung, Flüssigkeitsmangel und mangelnder ärztlicher Versorgung, also durchaus heilbaren Krankheiten den Tod fanden.

Alleine in Aalborg ist man viele Jahre später auf unzählige Kindergräber gestoßen, von denen die Öffentlichkeit nichts erfahren hatte. Nach Erkenntnissen der Ärztin gab es bei den dänischen Behörden das nüchterne Kalkül bei dem Ärzteverband, aber auch beim Roten Kreuz, es schade dem dänischen Verhältnis zu den Alliierten, wenn man deutschen Flüchtlingen Hilfe leiste.

Seit vielen Jahren schreibt man vom Verbrechen bei ethnischen Säuberungen und verbrecherischen Vertreibungen, die völkerrechtlich nicht vertretbar sind und geahndet werden müssen. So hat man auch dieses Vergehen in der Geschichtsschreibung verschwiegen und ist erst nach der Veröffentlichung durch die Kopenhagener Zeitung "Politiken" in Skandinavien geschockt und findet das erschreckend inhuman. "Waren denn wirklich die geflüchteten Ostpreußen verbrecherische Nazis, oder machen die großen Politiker von Fall zu Fall so große Unterschiede in ihrer Denkweise und Argumentation?" Ich muß diese Frage einmal stellen, obwohl ich weiß, daß sie kaum einer beantworten wird. Denn ich habe zu Anfang geschrieben, daß meine Erlebnisse das Schrecklichste waren, was ich in meinem Leben erfahren mußte.

Dieser Tatsachenbericht über eigene Erlebnisse ist erst viele Jahre später entstanden. - Das Familienbild und Fotografien aus Tolks und Orten in Ostpreußen sind eigene Fotos.

Geschrieben ist dieses Buch in den Jahren 1996 - 1998 von Heinz Krause   Buxtehude - Hedendorf   Buchenweg 6
geb. 1931 in Tolks   Kr. Pr. Eylau   Ostpreußen.

Dank für die Hilfe zur Fertigstellung des Buches, möchte ich der Lektorin, meiner lieben Bekannten Edeltraut Träger, und meinem Sohn Harm-Peter, für die Hilfe bei der Gestaltung des Buches aussprechen.

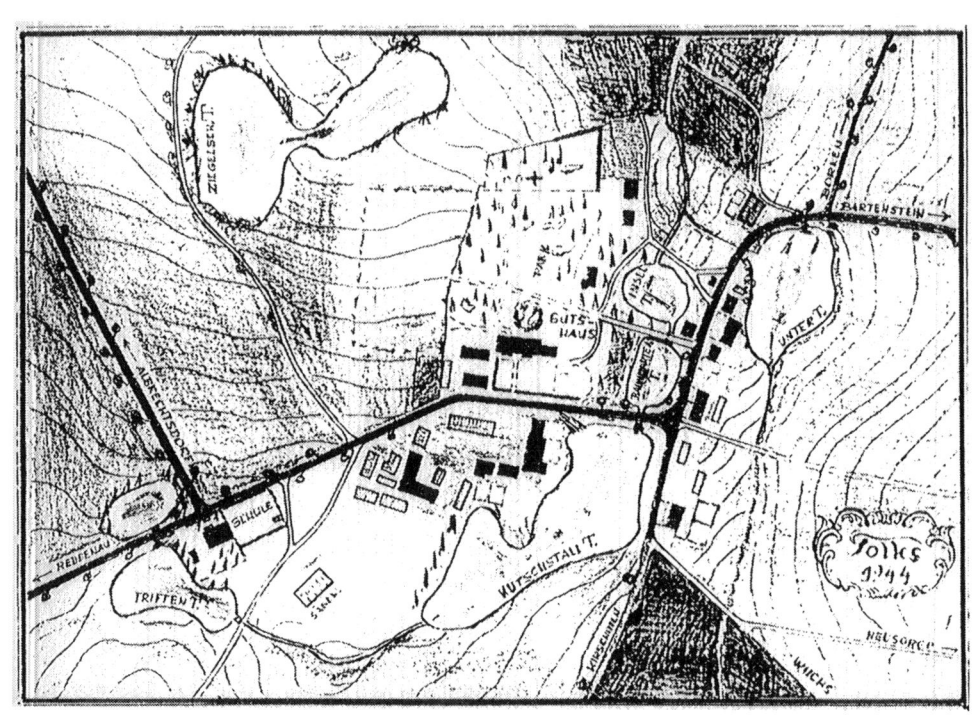

Ortsplan von Tolks

Tausend Tage Unterwegs

VERTREIBUNG OHNE WIEDERKEHR

Schon seit dem 1. September 1939 stand Deutschland in dem großen Krieg, aber noch blieb Ostpreußen, meine Heimat, von den Schrecken des Krieges verschont.

Wir lebten recht sorglos und litten keine nennenswerte Not. Fliegeralarm kannten wir nur aus der Wochenschau im Kino, worüber wir auch sehr froh waren. Das Jahr 1944 bereitete uns schon mehr Sorgen. Im August war der große Bombenangriff auf die Stadt Königsberg, die etwa 60 km von dem Ort Tolks, in dem unsere Familie lebte und der auch mein Geburtsort ist, entfernt liegt. Viele Menschen verloren bei den Angriffen ihr Hab und Gut, und kamen danach als Ausgebombte zu uns aufs Land. Sie berichteten über die furchtbaren Zerstörungen.

Tolks, schon seit 1384 im Besitz einer Familie Tolke, liegt mitten in Ostpreußen, im Ermland, angrenzend an die Auen der Alle, die durch Allenstein, Guttstadt, Heilsberg, Bartenstein, Schippenbeil, Friedland, Allenburg und in Wehlau in den Pregel fließt. Seit dem 14. Jahrh.war es eines der größten Rittergüter im Landkreis Pr. Eylau und seit 1533 bis Ende Januar 1945 im Besitz der Familie von Tettau. Zu der Gemeinde Tolks gehörten sehr viele umliegende Ortschaften.

Das ganze Areal war 3885 ha groß. Ein Teil davon wurde um 1925 und in den dreißiger Jahren aufgesiedelt und von Bauern bewirtschaftet. 1945 war der Gesamtbesitz der Familie v. Tettau noch 1055 ha groß. In den Dörfern lebten insgesamt ca. 500 Einwohner.

Bartenstein, sieben Kilometer von Tolks entfernt, bot uns die Möglichkeit, Waren jeder Art zu kaufen, denn in Tolks war weder ein Krämer noch ein Dorfkrug.

Heute, 52 Jahre nach der Begebenheit, die ich in diesem Buch schildern möchte und als das Grausamste bezeichne, das sich in meinem Leben ereignet hat, ist es die unbeschreiblich schöne Landschaft, die mich an das erinnert, was ich meine Heimat nenne. Viele Orte sind zwar vollkommen verschwunden, weil sie, bis auf ein paar Mauerreste, zerstört wurden. Aber Bäume, Steine und doch sehr viel Sehenswertes sind noch Zeugen der Zeit.

Das große Fachwerkhaus, das vier Familien bewohnten, in dem ich geboren wurde und bis zu meinem 13. Lebensjahr mit meinen Eltern und Geschwistern lebte, ist noch am selben Tag, einige Stunden nach unserer Flucht, von Granaten getroffen worden und abgebrannt. Es stand am Ortsende von Tolks in Richtung Bartenstein. Heute ist buchstäblich, wie auch andernorts, Gras darüber gewachsen. Das Fleckchen Erde findet man jedoch noch, weil das neue Ortsschild mit dem Namen "Tolko" denselben Platz hat, auf dem es 1945 mit dem Namen "Tolks"stand.

Unser Vater, der schon 1939 bei Kriegsausbruch zum Militär eingezogen wurde, hatte im Spätherbst 1944 noch einmal für 14 Tage Heimaturlaub erhalten. Er ahnte oder wußte wohl schon, daß unser Ostpreußen in Feindeshand geraten wird, und deshalb führte er mit Mutter in den letzten Tagen seines Urlaubs Gespräche über den Ausgang des Krieges, die ich mit anhörte.

Ortseinfahrt Tolks

Für den Fall, daß wir unsere Heimat verlassen müßten, schrieb er uns die Adresse einer Familie Lühmann in Neukloster Kr. Stade auf. Dort hatte er 1942 als Soldat einen Sommer lang eine ruhige Zeit verlebt und einen guten Kontakt zu der Familie gehabt. Sollte Ostpreußen dem Feind in die Hände fallen, wollte Vater versuchen, sich nach Neukloster "durchzuschlagen." Wir sollten hier alles verlassen und das gleiche tun.

Wir Kinder hatten ihn noch in der Wohnstube auf einem Stuhl festgebunden, als er gepackt hatte und zu seiner Einheit nach Kurland fahren wollte. Da saß er nun und verabschiedete sich von uns mit Tränen in den Augen. Wir ahnten alle, daß etwas Schlimmes auf uns zukommen würde. Ein letztes Mal winkten wir noch, als er mit dem Bus abfuhr, bis wir ihn nicht mehr sehen konnten.

Die Tolkser Männer über 18 Jahre, bis auf ein paar ältere, die für die Bewirtschaftung des Ortes gebraucht wurden, waren alle an der Front. Aber auch von den Verbleibenden mußte bis auf einige wenige so mancher zum Volkssturm, und die Ländereien wurden nur noch von Kriegsgefangenen bearbeitet. Dafür hielt sich jetzt so viel Militär in unserem Ort auf, wie nie zuvor. Wenn eine Einheit abrückte, traf sofort wieder eine neue ein.

4 Jahre zuvor zogen ganze Kompanien in Richtung Rußland. Jetzt waren alle auf dem Rückzug. Sie wollten Ostpreußen verteidigen, aber es war ihnen anzusehen, wie abgekämpft sie waren. Fahrzeuge und alles andere Gerät mußten bei einer Rast erst einmal gründlich überholt werden. Im Radio sprach Goebbels vom deutschen Sieg und einer neuen Wunderwaffe.

Unser Schulunterricht mußte wegen Stromsperre und aufgebrauchter Kohlenvorräte ausfallen, denn es war tiefer Winter. Sehr viele russische Gefangene wurden zu Fuß durch unseren Ort getrieben. Hohläugig, an den Füßen oft nur Mantelstoff oder Sackleinen mit einer Schnur umwickelt, "hingen" sie in ihren Mänteln, wenn sie abends im Dunkeln an unsere Haustür klopften und um ein Stück Brot baten. Das veranlaßte Mutter, häufig Brot zu backen. Das war nur möglich, weil mitten in unserem Haus für alle 4 Familien ein separater Raum mit Räucherkammer und einem Backofen vorhanden war.

Vermutlich hatte Mutter noch sehr viel Mehl vorrätig. Speck und Wurst waren ebenfalls genügend vorhanden, denn irgendwann wurde meines Wissens auch mal ganz heimlich ein Schwein geschlachtet. Heimlich, weil uns vorgeschrieben wurde, welche Mengen wir abliefern mußten, und was für den Eigenbedarf ver-

10

braucht werden durfte. Dazu mußten wir natürlich bei der üblichen Viehzählung, außerhalb des Stalles in einem Schuppen, den wir für andere Zwecke nutzten, ein Schwein verstecken, was nicht immer ganz einfach war.

Mutter sagte:"Vater ist im Krieg von lieben Menschen überall gut aufgenommen worden, und deshalb verteile ich Brot an alle, die Hunger leiden, solange wir auch noch genug zu Essen haben."

Jeden Abend baten Flüchtlinge, die durch unseren Ort zogen, um Unterkunft. Es war klirrende Kälte, der Schnee knirschte unter den Füßen. Die großen Wagenräder erzeugten einen schreienden Pfeifton im frostigen Schnee, wenn der große Treck bei uns vorbeifuhr.

Ein paar Wochen vor Weihnachten 1944 wurde unser Nachbar noch zum Volkssturm geholt. Er war vom Kriegsdienst bislang zurückgestellt worden. Nun blieb seine Frau mit ihren beiden Töchtern, 13 und 17 Jahre alt, allein zurück. Sie wohnten mit der Familie Schmidtke unweit von uns in einem Zweifamilienhaus. Weil unser Großvater, der einmal Kämmerer auf diesem Gut war, schon 1936 verstarb, hatte unsere Oma Berta Elias seit der Zeit ihre Wohnung im Dachausbau des Hauses. Um Ihre Belange kümmerten wir uns täglich.

Mein Bruder Helmut war damals 9 Jahre alt, meine Schwester Gertrud eben 7 Jahre, und unsere kleine Gretel wurde am 29. September 1944 drei Jahre alt. Der Feind rückte immer weiter in unserer Heimat vor. Bei Goldap wurde er von der deutschen Wehrmacht noch eine Zeitlang aufgehalten. Wir verfolgten das Kriegsgeschehen über unseren alten Volksempfänger, der wegen rauschender Störungen feindlicher Sender, verzerrte Meldungen durchgab. Ernstlich glaubten wir nicht daran, daß uns die Flucht bevorsteht, denn alles, auch die Vorweihnachtszeit, verlief wie in den Kriegsjahren davor. Zum Weihnachtsfest hatte Mutter dafür gesorgt, daß der Gabentisch wieder reichlich gedeckt war, ein schöner Tannenbaum stand im Zimmer, es roch nach Pfefferkuchen. Eine weiße Weihnacht, wie immer bei uns in Ostpreußen.

In Eigenarbeit hergestellte Geschenke für uns Kinder gab es auch. Vater hatte uns eine selbstbesprochene Schallplatte als Weihnachtsgruß geschickt, die wir immer wieder auf Großmutter´s Grammophon abspielten. Er wünschte uns eine frohe Weihnacht, Frieden im neuen Jahr und ein baldiges Wiedersehen.

Nun läuteten die Glocken das Jahr 1945 ein. Ein Jahr, das uns so viel Leid bringen sollte! Am 13. Januar begann erneut der Großangriff auf Ostpreußen. Am frühen Morgen dröhnte die Erde vom Trommelfeuer der großen Geschütze.

Der Kanonendonner kam immer näher. Ich fragte Mutter, ob wir auch eines Tages flüchten wollen. "Ach Kinder", sagte sie, "wenn ich nur wüßte, wie und wohin wir flüchten sollen!?" Sie war ratlos, aber gewiß dachte sie schon darüber nach, wenn sie abends in Gedanken versunken am Tisch saß, was sie einpacken muß, wenn wir für immer unsere Heimat verlassen müßten.

Die Abende verbrachten wir ohne elektrischen Strom im Dunkeln, denn wir sollten wegen der mit Bomben beladenen Flugzeuge, die oft über uns hinweg flogen, kein Licht anmachen. Die Verdunkelung der Fenster genügte nicht mehr den Vorschriften. Die Angriffsziele der Bomber waren aber größere Städte, die sie in Schutt und Asche legten, nicht unsere kleine Ortschaft.

Eines Tages schenkte mir ein Soldat einen Beutel sogenannter

"Hindenburglichte", eine Art Teelichte, mit denen ich Mutter eine Freude machte. Nun konnten wir zur Not mal ein kleines Licht anzünden. Viele wichtige Dinge für den täglichen Gebrauch gab es in den Geschäften nicht mehr zu kaufen.

Schuhe und andere Lederwaren, vor allem Bekleidung, Zucker, Früchte und Lebensmittel gab es nur noch auf Bezugscheine oder Lebensmittelkarten. Wir, die wir auf dem Lande lebten, hatten genug zu essen. Mutter fuhr oft mit dem Fahrrad in die Stadt, hatte Eier, Butter, Rauchwurst und andere Lebensmittel in einem Korb und tauschte alles gegen Waren ein, die für Geld nicht mehr regulär über den Ladentisch gingen. Die Geschäftsleute wußten schon, was eine Frau vom Lande, die einen Korb unter dem Arm trug, zu bieten hatte. Dann ging man eben weiter nach hinten und machte Tauschgeschäfte, die streng verboten waren.

Am 21. Januar mußte Mutter eilig die Stadt verlassen, denn Bartenstein wurde schon sehr von großen Geschützen beschossen. Die Geschäftsleute hegten auch den Gedanken, zu flüchten, um nicht dem Feind in die Hände zu fallen.

Am folgenden Tag hätte sie gerne noch ein paar Besorgungen gemacht, aber auf der Straße war ein solches Chaos, daß es nicht mehr möglich war, dort hinzukommen. Ununterbrochen zogen Flüchtlingstrecks auf der Flucht vor der Roten Armee in Richtung Landsberg. Autos, Flüchtlinge zu Fuß und mit Planwagen, manchmal kurze Zeit verharrend, weil eine Wegkreuzung verstopft war, fuhren, ohne richtig zu wissen wohin, wieder weiter. Panzer, die Schweinehälften zum Abkühlen an ihren Kanonen befestigt hatten, und schwere Kettenfahrzeuge rasselten mit Getöse an uns vorbei durch den Ort. Spät abends hatte ein Panzerfahrer in der

Dunkelheit die verschneite Eisdecke des Teiches in der Nähe unseres Hauses nicht erkannt. Der Panzer war eingebrochen und dabei unter die Eisdecke gekommen.

Die drei Panzersoldaten schafften es jedoch, unter der Eisschicht den Deckel zu öffnen, konnten sich so vor dem Ertrinken retten. Sie kamen zu uns ins Haus, um ihre Kleidung zu trocknen. Einer von ihnen wollte noch einmal in den Panzer, um etwas von seiner persönlichen Habe herauszuholen, stand aber vor dem gähnenden Wasserloch und gab sein Vorhaben auf.

Wißbegierig fragten wir Fremde, die in unser Haus kamen, wie weit denn der Feind von uns entfernt sei. Der Geschützdonner war schon bedrohlich nahe. Doch etwas Genaues sagte und wußte niemand. Nur eines glaubten sie zu wissen: in ein paar Tagen ist kaum noch ein lebender Ostpreuße in diesem Gebiet. Allenstein und Insterburg waren schon in russischer Hand. Der Geschützdonner wurde immer lauter. Das deutsche Militär war auf dem Rückzug.

Unsere Nachbarin stand oft an der Straße und fragte vorbei-ziehende Volkssturmmänner, ob sie etwas über den Verbleib ihres Mannes wüßten. Eines Tages berichtete einer, der ihn zufällig kannte, daß er ihn vor Bartenstein am Wegrand sitzend gesehen hätte. Sie ist dann mit ihren Töchtern auf dem schneebedeckten Feld in Richtung Bartenstein gegangen, und sie fanden ihn drei Kilometer von Tolks entfernt in Spittehnen, müde auf einem Pferdeschlitten sitzend. Er hatte nur noch den Wunsch, nach Hause zu kommen.

Mutter und wir Kinder fühlten uns in unserer Wohnung nicht mehr wie zu Hause, sondern wie Fremde unter Fremden. Die Flüchtlinge kamen und gingen. Sie übernachteten und zogen am anderen Morgen wieder weiter.

14

Da schliefen Frauen und Kinder auf dem Fußboden, in den Betten und überall dort, wo noch ein freier Platz war. Wir saßen manche Nacht nur noch auf einem Stuhl am Tisch und schliefen. Am anderen Tag waren mit den Leuten auch immer brauchbare Gegenstände von uns verschwunden.

Am 28. Januar fielen in unserem Ort die ersten Bomben. Längere Zeit lagen wir unter Artilleriebeschuß. Die Schäden waren sehr begrenzt, weil keine Wohnhäuser getroffen wurden.   Dafür war unsere Angst um so größer. Nicht ein einziges Haus in Tolks hatte einen bombensicheren Keller.

Die Nachbarn feierten noch am 30. Januar den Geburtstag der jüngsten Tochter. Sie wurde 13 Jahre alt. Ihre Mutter hatte Pulverkuchen gebacken, aber ihr Vater, der sich die letzten Tage in Tolks beim Volkssturm betätigen sollte, wollte weder feiern noch Pulverkuchen essen. Er war krank geworden, hatte Fieber und lag unzufrieden im Bett. Ein Sanitäter gab ihm einige Tabletten, danach ging es ihm etwas besser.

Ich war in den letzten Tagen vor unserer Flucht oft im Dorf vor dem Gutsschloß, wo sehr viel Militär lagerte und Flüchtlingstrecks rasteten, stellte Fragen, weil ich wissen wollte, wohin ihre Fahrt denn ginge."Möglichst schnell in den Westen oder an die Ostsee", war die Antwort. Eines Tages bemerkte ich, daß Männer aus unserem Ort mehrere Ackerwagen zu Treckwagen herrichteten und mit Planen überspannten. Das gab mir doch zu Denken, und als ich fragte, wer denn damit wegfahren wolle, sagte ein alter Herr: "Junge, lauf nach Hause und sag Bescheid, daß wir so schnell wie möglich von hier verschwinden müssen.

Packt eure Sachen und vor allem etwas Essen ein, wir müssen

flüchten! Sag euren Nachbarn, sie bekommen mit der Familie Krause und Oma Elias einen Wagen und Pferde für die Flucht."

Als ich zurücklief, sah ich, daß schon vor einigen Häusern Planwagen beladen wurden. Meine Schulkameraden trugen mit ihren Müttern Kisten, Säcke und Taschen aus den Häusern und verstauten sie auf dem Wagen. "Was sie wohl alles mitnehmen?" dachte ich, als ich vorbeilief. Mutter war sehr erschrocken und unschlüssig, denn sie mußte noch einiges zusammensuchen, was wir für die Flucht brauchten.

DIE QUALVOLLE FLUCHT

Jetzt wurde es wirklich ernst für uns. Die Stunde, die wir mit Bangen erwartet hatten, war nun angebrochen. Ich erzählte Mutter, was ich von den Männern im Dorf erfahren und auf dem Heimweg gesehen hatte. Sie sah mich sehr ernst an und sagte: "Nun muß es wohl doch sein, wir wollen schnell alles zusammensuchen. Lauf aber erst zu den Nachbarn und zu unserer Oma und sag ihnen, daß wir noch heute von hier wegmüssen."

Als ich es der Nachbarin mitteilte, schrie sie bestürzt auf und bat ihren Mann, aufzustehen. Der sagte:" Wo wollen wir denn nur hin?" Ich zuckte die Schultern, lief schnell die Treppe herauf und versuchte, unserer Oma sehr eindringlich zu erklären, daß wir so schnell wie möglich flüchten müssen, und daß Mutter schon unsere Sachen und genügend Essen einpackt.

Oma solle auch warmes Zeug anziehen, zwei Taschen packen,

16

die sie tragen könne, und ihre Papiere nicht vergessen.

Als ich wieder zurücklaufen wollte, stand unser Nachbar bei Herrn Schmidtke in der Eingangstür. Ich teilte den beiden mit, daß ich Mutter etwas berichten wolle und gleich wiederkäme. Wir müßten doch den Wagen und die Pferde holen. Da meinte Herr Schmidtke: "Sag deiner Mutter wir bleiben hier, auf der Straße kommen wir in der Kälte nur um!"

Der Nachbar aber meinte:"Lauf schnell und besprich alles mit deiner Mutter, dann holen wir sofort den Wagen, wir fahren!" So geschah es auch. Wir gingen zum Hofplatz und fanden leider nur noch einen sehr alten Wagen mit Gummirädern und einem notdürftig zusammengenagelten Bretterdach. Die besseren Wagen hatten die Männer mitgenommen, die sie für die Flucht hergerichtet hatten.

Eine Organisation zur Vorbereitung für eine Flucht gab es nicht. Wie ich später erfahren habe, war von höchster Parteiebene eine Evakuierung oder Flucht für die ostpreußische Bevölkerung nicht vorgesehen. Ostpreußen sollte bis auf den letzten Blutstropfen verteidigt werden, so hatte Hitler es befohlen. Er hatte eine unermeßliche Wut auf den ostpreußischen Adel, denn sehr viele Barone und Grafen waren an der Planung des Attentats auf ihn in der Wolfschanze in Masuren beteiligt gewesen.

Leider hat dieser Wahnsinnige das Attentat damals überlebt und anschließend 380 Beteiligte und Mitwisser nach kurzem Prozeß erschießen lassen.

Für uns waren auch nur noch ein paar alte Pferde im Stall. Wir spannten sie an und fuhren den Wagen zu unsern Nachbarn. Sie wollten aufladen, was jeder meinte, mitnehmen zu müssen. Auch Oma hatte etwas zusammengesucht, war vollkommen durcheinander und verstand die Welt nicht mehr.

Mit Mutter packte ich dann das Nötigste zusammen. Wir zogen soviel Kleidung an, wie übereinander paßte. Es schien mir sehr viel, was wir mitnehmen wollten. Dann kniete Mutter in der Stube und betete zu Gott, er möge uns behüten und auch unseren Vater zu uns schicken. Ich lief wieder zu den Nachbarn, um zu sehen wie es weiterginge. Herr Schmidtke hatte seiner Unbeherrschtheit erst einmal Luft gemacht. Dann wollte er doch mit seiner Frau auf die Flucht und hatte Kisten mit Eingemachtem, Säcke mit Kleidern und zwei Fahrräder auf dem Wagen verstaut. Die beiden Nachbarstöchter halfen ihren Eltern auch beim Aufladen, wollten aber noch einmal etwas Warmes essen, dann sollte die Fahrt ins Ungewisse losgehen.

Plötzlich stand ein alter Herr, der in einem der Nachbarhäuser mit seiner Familie lebte, in der Eingangstür und beschwor uns, innerhalb einer Stunde Tolks zu verlassen, denn dann sei hier Kampfgebiet, er hätte es von Soldaten erfahren.

Jetzt liefen alle durcheinander und wollten noch etwas zusammenraffen. Unsere Oma stand mit ihren Taschen da und ich sah, daß sie zitterte. Als wir im Freien waren und zur Dorfstraße schauten, stellten wir fest, daß es unmöglich ist, mit dem Gefährt zu unserem Haus zu gelangen. Wir hätten gegen den Flüchtlingsstrom fahren müssen.

Der Flüchtlingstreck zog von Bartenstein kommend seit Tagen in Richtung Landsberg durch Tolks. Unser Nachbar gab mir einen Rodelschlitten, denn unseren hatte schon jemand, ohne zu fragen, mitgenommen. Auf dem Fußweg über die Holzbrücke eines kleinen Baches gelangte ich zu unserem Haus, lud zusammen mit Helmut einen Teil unseres Reisegepäcks auf den Schlitten. Wir brachten es zum Feuerwehrhaus, das an dem Weg stand, der von unseren Nachbarn zur Dorfstraße führte. Helmut blieb bei unseren Sachen. Ich holte den Rest, den wir noch mitnehmen wollten. Danach ging ich in den Stall, warf etwas Heu vom Boden und machte die Rübenkammer auf, damit die Kuh genügend Futter hätte.

Mutter und ich luden die letzten Habseligkeiten auf den Schlitten. Vaters Pelzjacke zog ich über meinen Mantel. Ob wir nun genug eingepackt hatten oder nicht, war egal. Meine Schwestern Gertrud und Gretel standen im Schnee, eingemummelt in ihre Mäntelchen, nur Mutter wollte noch nicht mit. Sie stand immer noch auf der Treppe und blickte ins Haus. Das dauerte alles recht lange, und ich zog mit dem Schlitten ein zweites mal zum Spritzenhaus.

Es waren nur etwa 100 Meter zu den Nachbarn. Der Wagen setzte sich noch nicht in Bewegung. Die beiden Töchter suchten fieberhaft nach ihrem Vater, er war wie vom Erdboden verschluckt. Endlich kam auch er zum Vorschein und meinte, ohne die Tiere zu füttern könnten wir doch wohl nicht wegfahren. Die Kuh hatte vor ein paar Tagen ein Kälbchen bekommen. Ja, so nahm man von allem Abschied.

Schmidtkes waren vollkommen unschlüssig, wollten lieber noch bleiben, wenn es denn sein müßte, mit dem Fahrrad nachkommen. Aber unser Nachbar war bereit, zu fahren, und trieb die Pferde an. War nun der Wagen zu schwer oder wollten die Pferde nicht ziehen? Mit Mühe kamen sie bis zum Spritzenhaus, und unsere Bündel wurden auch aufgeladen. Eigentlich sollte nun die Fahrt ins Unglück

Die Familie Krause ohne den Vater

beginnen. Es war der 1. Februar 1945. Die Sonne stand hoch am Himmel, doch wir froren trotz allem in der klirrenden Kälte.

Als wir etwas ratlos abwartend dastanden, griffen russische Flugzeuge unser Dorf an. Die Soldaten schossen mit der Flack, und wir drückten uns an die Wand des Spritzenhauses. Irgendwo krachte es, und der Spuk war vorbei. Wir fuhren langsam zur Straße. Die Pferde hatten Mühe, den Wagen zu ziehen. Das war wohl der Grund, daß wir nicht zwischen die anderen Fahrzeuge des großen Trecks kamen, denn jemand fragte uns besorgt: "Wie weit wollt ihr denn mit den alten Tieren kommen?"

So wurden wir uns einig, wenn es denn sein soll, bleiben wir alle hier. Also drehten wir um, schoben den Wagen mit an und schafften auch die kleine Anhöhe bis zum Haus zurück.

Wir wollten wohl gern aus der Schußlinie, aber "ob wir elendig auf der Straße umkommen, oder wir sterben hier zu Hause, das ist doch alles einerlei", hörte ich den Nachbarn zu meiner Mutter sagen. Im Haus waren noch einige Soldaten, die auch bald abrücken wollten. "Es dauert nicht mehr lange, dann ist der Russe hier", meinten sie.

Wir liefen noch einmal zurück in unser Haus und stellten fest, daß Flüchtende in der kurzen Zeit unsere Schränke ausgeräumt und Kleidungsstücke und andere brauchbare Gegenstände mitgenommen hatten. Ach, sollten sie es doch nehmen, wir brauchten es wohl nicht mehr. Mutter betete noch einmal. Wir nahmen Abschied für immer und gingen wieder in's Nachbarhaus.

Die Pferde wurden noch in Schmidtkes Kuhstall gefüttert. Herr Schmidtke war unbeherrscht und mürrisch und wollte sie am liebsten freilassen oder erschießen, es hätte ja doch alles keinen Sinn. Es war zum verzweifeln, aber diese Nacht wollten wir noch im warmen Haus verbringen, sprachen noch einmal mit der Nachbarin über unsere aussichtslose Lage und legten uns zur Ruhe. An Schlaf war aber kaum zu denken, denn die Artillerie schoß mit allen Geschützen, und überall im Ort schlugen Granaten ein. Aufgeregt kam dann nachts um 2 Uhr Herr Schmidtke in die Wohnung des Nachbarn und sagte: "Wir liegen unter Beschuß, es ist mir hier nun doch zu gefährlich, ich mache mich mit Handgepäck auf den Weg!"

Tolkser Gutshaus

Sehr deutlich hörten wir schon das Maschinengewehrfeuer und die Soldaten meldeten uns, daß der Feind 2 km von uns entfernt sei. Ich sagte zu Mutter:"Wir können doch nicht zu Fuß losziehen, das halten wir in der Kälte nicht lange aus !" Die Nachbarn meinten:"Nein, so geht das nicht, mit den beiden kleinen Kindern können wir doch nicht auf die Straße gehen!"

Unsere Unentschlossenheit wurde immer größer, es war stockdunkel. Schmidtkes hatten ihr Handgepäck fertig und wollten mit den Fahrrädern fortziehen.

Die jüngste Tochter der Nachbarn hatte furchtbare Angst. Sie weinte und wollte auch schnell von hier weg. Ihre Eltern konnten das nicht mehr mit anhören. Eiligst luden wir nun noch einiges vom Wagen ab, damit die Pferde es nicht so schwer hätten, und wollten dann ohne Schmidtkes fahren.

Es war der 2. Februar 1945, etwa 3.00 Uhr in der Nacht. Schmidtkes brachten ihre Sachen zurück in ihren Keller, nur eine Kiste mit Räucherspeck und Weckgläsern blieb auf dem Wagen. In der Dunkelheit hatten wir aus Versehen auch den Sack mit wichtigen Lebensmitteln abgeladen. Nun glaubten wir, daß die Pferde es schaffen müßten. Herr Schmidtke beschloß jetzt, gemeinsam mit uns zu fahren und nicht alleine loszuziehen. Mit Handgepäck an den Fahrrädern wollte er dem Pferdewagen folgen. Mit Blicken verabschiedeten wir uns von allem, was uns lieb war. Vom Dachboden sprang eine kleine Katze und schnurrte um uns herum. Jemand nahm sie auf den Arm und streichelte sie. Wir gaben noch alle den Soldaten zum Abschied die Hand. Sie wollten auch am frühen Morgen abrücken.

Der Autor (unten rechts) bei der Ernte

Das Knattern der Maschinengewehre war schon ganz in der Nähe und mahnte, uns schnell auf den Weg zu machen. Die Nachbarin warf noch in Eile zwei Oberbetten auf den Wagen. Um 4.00 Uhr morgens brachen wir endlich auf. Der Nachbar fuhr den Wagen, und wir anderen saßen dicht beieinander unter dem Bretterdach und hörten, daß ein Wagenrad bei jeder Umdrehung einen Pfeifton gab, weil es nicht abgeschmiert war. Schmidtkes fuhren mit ihren Fahrrädern hinterher.

Schule in Tolks

Vom Speicher wollten wir eigentlich noch etwas Futter für die Pferde holen, aber in der Aufregung hatten wir auch das vergessen, bogen am Ortsende, noch einen Blick auf unsere Schule werfend, die an der Weggabelung steht, rechts ab, und fuhren in Richtung Landsberg weiter. Erst einmal wollten wir bis Albrechtsdorf.

Von einem Geschoß getroffen lag ein Baum quer auf der Straße. Ansonsten war sie leer und spiegelglatt gefahren. Ganz allein zogen wir aus unserem Ort mit unserem Pferdewagen fort, Schmidtkes mit ihren Fahrrädern hinterher. Sie rutschten, fielen um und fluchten, stiegen dann auch zu uns auf den Wagen und fuhren mit bis Albrechtsdorf. Dort war die Straße in Richtung Landsberg gesperrt. So mußten wir auf Feldwegen über Tappelkeim und Bandels in Richtung Glomsienen fahren. Hier hatte mein Großvater Fritz Krause einen Bauernhof. Die Gegend ist dort hügelig, so daß die Pferde oft mit äußerster Kraftanstrengung den Wagen zogen. Ohne unser Nachschieben blieben sie am Berg einfach stehen.

In der Morgendämmerung machten sich auch Albrechtsdorfer mit ihren Wagen auf den Weg und schlossen sich uns an, denn die russische Armee rückte bedrohlich schnell näher. Man erzählte, daß sie bei Landsberg durchgebrochen sei und einen Teil der Flüchtlingstrecks in dem Gebiet eingekesselt hätte.

Bei Tappelkeim hatten sehr viele Wagen Schutz am Waldrand gesucht und die Nacht verbracht. Alle rasteten auf dem schmalen Weg. So fuhren wir über die Felder weiter und am Ort vorbei.

Beim nächsten Zwischenstopp unterhielten wir uns noch kurze Zeit mit ein paar Tolksern. Die Nacht hatten sie auch im Wald verbringen müssen. Sie waren ja schon einen Tag früher abgefahren, hatten unter starkem Artilleriebeschuß gelegen, waren jedoch ohne

Zwischenfälle mit heiler Haut davongekommen.

Wir führten noch Gespräche über die "guten" Pferde, die vor unseren Wagen gespannt waren. Alle wunderten sich, daß wir noch eine Nacht zu Hause verbracht hätten. Futter für die Pferde besaßen die anderen ebenfalls nicht. Über den Verbleib weiterer Tolkser war ihnen nichts bekannt.

Auf der Fahrt über das verschneite Feld sahen wir, daß auf dem Weg Wagen aus unserem Ort rasteten. Es war der Tolkser Gutsverwalter mit seiner Frau. Sie hatten zwei schöne Planwagen und zwei Kutscher, einen Kriegsgefangenen aus Frankreich und außerdem noch einen jungen Burschen von 17 Jahren aus Tolks. Erwin war allein ohne seine Familienangehörigen.

Hinter dieser Gruppe hielt eine Reisekutsche, die dem Baron von Tettau gehörte, mit der alten Baronesse und ihrer Hausdame. Diese mußte sogar die Kutsche fahren. Weiterhin standen dort drei Leiterwagen mit vielen Familien aus Tolks.

Ja, sie wollten gerne mit weiterfahren, schlossen sich uns an. Unsere Kolonne fuhr langsam in Richtung Glomsienen weiter. Fahrzeuge, mit Artilleriemunition beladen, überholten uns, und Infanteriesoldaten zogen eilig in mehreren Reihen auf dem gefrorenen Acker an uns vorbei. Viele kreuzten den Weg, auf dem wir treckten. Die Soldaten wollten bei Landsberg den Feind aufhalten.

Die meisten Tolkser Wagen waren mit Planen verkleidet, welche den armen Menschen Schutz vor Wind und Regen boten. Unser Wagen hatte leider nur ein Bretterdach, das mit zu kurzen Nägeln befestigt war. Schon zu Anfang unserer Fahrt lösten sich Bretter, die wir mit den Händen festhielten.

Vorsorglich hatte unser Nachbar etwas Werkzeug mitgenommen und so konnte der Schaden notdürftig behoben werden. Wir nagelten Teppichläufer seitlich um den Wagen, damit der Wind nicht so arg durchzog, was aber auch nicht viel nützte, denn die Kälte drang durch alle Ritzen. Wer nicht unbedingt den Wagen schieben mußte, saß bekleidet und in den Betten eingemummelt, um sich zu wärmen, wodurch die weißen Bettbezüge sehr verschmutzten. Alles andere wurde auch zertreten, aber das schienen wir alle nicht so wichtig zu nehmen.

In der Ortschaft Bandels machten wir gegen Mittag eine kurze Rast, fanden dort auf einem Speicher auch reichlich Futter für unsere Pferde und nahmen noch etwas für unterwegs mit.

Unseren Hunger konnten wir auch stillen. An einer Feldküche erhielten wir heißen Kaffee und strichen uns ein paar Brote mit Leberwurst. Als alle versorgt waren, sollte die Fahrt weitergehen, doch da stand der Gutsverwalter plötzlich bei uns und sagte, er hätte noch ein paar Pferde übrig, die wir vor unseren Wagen spannen sollten. Unsere Pferde wären viel zu alt, um den schweren Gummiwagen ziehen zu können. Er hatte schon einen seiner Wagen umgeladen, weil er glaubte, mit nur einem besser vorwärts zu kommen. Der leere Wagen blieb auf einem Gehöft stehen. Er gab uns die Pferde, die wir vor unseren Wagen spannten. So fuhren wir gemeinsam weiter. Unser Nachbar saß auf einem der vorderen Pferde und Herr Schmidtke auf dem Kutscherbock.

Kurz darauf ging seine Flucherei los. Er stellte fest, daß ein Rad am Wagen "ausgeleiert" war und wohl bald ablaufen würde. Dann müßten wir uns von allem trennen und zu Fuß weiter- gehen! So machte er seiner "unmutigen Seele" immer etwas Luft, was uns auch nicht gerade ermunterte. "Bei dieser Kälte müssen wir uns hier herumtreiben, und dem Russen fallen wir doch in die Hände!" "Bevor wir alle zu Grunde gehen, sollten wir lieber Handgepäck fertig machen und sehen, daß wir wegkommen. Lange wird es nicht mehr dauern, dann ist der Russe da und läßt keinen von uns am Leben oder schleppt uns nach Sibirien!"

Er war mit sich und der Welt unzufrieden, es war zum Verzweifeln. Frau Schmidtke unterstützte ihn noch und meinte: "Wären wir doch nur zu Hause geblieben, wir müssen ja doch alle sterben."

Wir hofften, daß diese Niedergeschlagenheit einmal ein Ende nimmt und unsere Fahrt etwas schneller vorangeht, dann wäre auch alles erträglicher. Soldaten erzählten, daß der Kessel, den die Russen bei Elbing gezogen hätten, wieder weiträumig geöffnet sei, und wir uns dort evtl. retten könnten.

Endlich kamen wir gegen Abend in Glomsienen an, wo wir bei Großvater übernachten wollten, aber wir wurden vom Militär weitergeschickt. Auf die Frage, ob Großvater auch flüchten wolle, antwortete er: "Ich will lieber auf meiner Scholle sterben, als irgendwo elendig umkommen."

Es war ein trauriger Abschied von den Großeltern, als wir nach Worienen weiterzogen, wo auch Verwandte von uns wohnten. Großmutter nahm uns Kinder noch einmal in die Arme.

Wir hatten vor einigen Jahren eine Zeit in Glomsienen gelebt, und Mutter kannte den Weg dorthin und erklärte es dem vorderen Treckwagenfahrer. Es war schon stockfinster und zu allem Übel rutschte noch ein Wagen in den Graben am Rand des Weges. Der Schnee war an manchen Stellen durch einsetzenden Sprühregen gefährlich glatt geworden. Mit den Pferden, die wir noch davor spannten, und kräftigem Nachschieben, schafften wir das Gefährt wieder auf den Weg und konnten die Fahrt fortsetzen. Unterdessen hatten sich die anderen Tolkser Wagen schon ein gutes Stück entfernt, aber in Worienen fanden wir alle wieder.

Das Dröhnen der Geschütze von der Front war bedenklich laut. Es rückte stündlich näher und in einiger Entfernung hing der Himmel voller Leuchtraketen, die wir "Christbäume" nannten.

Nieselregen verschlimmerte unsere Lage noch. Durch das Geschaukel auf dem unebenen Weg lösten sich wieder Bretter von dem Wagendach. Wenn wir sie nicht verlieren wollten, mußten wir sie festhalten. Handschuhe, Ärmel und das Bettzeug wurden patschenaß. Das war unsere erste Nacht auf der Flucht, in der wir weder eine warme Unterkunft, noch ein schützendes Dach über dem Kopf hatten.

Mitten im Ort Worienen sahen wir den Kriegsgefangenen aus unserem Ort am Gartenzaun eines Bauernhofes stehen. Er teilte uns mit, daß die Wagen unseres Gutsverwalters auf diesem Gehöft stehen. Er wolle hier übernachten. Der Hof lag auf einer kleinen Anhöhe, die durch die Einflüsse der Witterung von Glatteis überzogen war. Dank der gut beschlagenen Pferde, die wir jetzt vor unserem Wagen hatten, schafften wir es, auf den Hof zu kommen und durften wenigstens die Pferde in einem Stall unterbringen. Wir suchten immer noch eine Unterkunft.

Mutter, die sich hier auskannte, ging erst einmal zu unseren Verwandten, der Familie Wohlgemuth, bei der wir - trotz überfüllter Räume - noch übernachten durften. Ich setzte mich auf einen Stuhl ohne Rückenlehne, den ich in eine Wandecke stellte, konnte aber nicht recht einschlafen. Ich wachte immer wieder auf, wenn ich seitlich oder vornüber kippte. Mutter schlief mit Helmut, Gertrud und Gretel, dichtgedrängt aber sich gegenseitig wärmend, auf einer größeren Liege und weitaus besser, als die vielen anderen auf dem harten Fußboden.

Unsere Verwandten waren ganz verstört, dachten auch daran, möglichst schnell zu fliehen, und fragten Mutter:"Wohin denn nur?" Wir bekamen am anderen Morgen etwas zum Frühstück und bedankten uns beim Abschied für die herzliche Aufnahme.

Unsere Leidensgefährten fanden wir in einem Nachbarhaus. Sie hatten das Glück gehabt, nach ihrer Ankunft etwas Kaffee kochen zu dürfen und konnten, nachdem sie ihren Hunger gestillt hatten, in einem kalten Flur übernachten.

Auf der Treppe sitzend hätten sie schlafen wollen, wurden aber dauernd von auf und ab gehenden Soldaten gestört. Bekamen zum Trost aber eine Tafel Schokolade geschenkt. Später hätten sie sich dann auch zu den anderen auf den harten Fußboden gelegt und von der Frau des Gutsverwalters eine Pelzdecke für die Nacht zum Zudecken erhalten.

Alle waren am frühen Morgen so steif, daß sie sich kaum bewegen konnten. Als wir dann draußen auf die anderen Tolkser Wagen warteten, kamen zwei junge Mädel zu Fuß aus Glomsienen und erzählten, sie hätten auf einem abgelegenen Gehöft übernachtet, und ihre Angehörigen kämen mit den Wagen langsam nach.

Unser Aufbruch zögerte sich etwas heraus. Wir wurden vom Militär aufgefordert, sofort weiterzuziehen, denn der Weg führte ganz dicht an der Front vorbei durch einen Wald. Die Soldaten brachten Munition und stapelten die großen Geschosse wie Holz auf. Eine Kolonne kam mit Verwundeten über die schneebedeckten Felder. Alles fuhr kreuz und quer. Unser Treck kam nicht mehr weiter. Der Feind war schon sehr nahe im Wald und konnte uns jeden Moment erwischen, aber wir hatten wieder Glück, es sollte wohl nicht sein.

Wir schafften es noch, rechtzeitig zu entkommen, und fuhren weiter bis in den Stablack. Auf einem großen Platz endete dort schließlich unsere lange Fahrt. Die Pferde dampften von der Anstrengung und mußten erst einmal versorgt werden, wir hatten sie sehr antreiben müssen.

Viele Wagen standen hier schon mehrere Tage. Einige waren einen Hang herunter gekippt, denn im Dunkeln erkannte man die gefährlich glatten Stellen erst, wenn es zu spät war. Ein Wagen war geplündert worden, weil sich der Besitzer auf die Suche nach neuen Pferden gemacht hatte. Als er dann endlich mit zwei Pferden zurückkam, mußte er feststellen, daß sein Hab und Gut geraubt war. Schließlich brachten dann einige Leute die Sachen zurück, weil sie angenommen hatten, der Wagen sei vom Eigentümer verlassen worden. Sie entschuldigten sich bei ihm.

Es war trotz der Kälte ein schöner Tag mit strahlend blauem Himmel. Plötzlich war ein Brummen und Dröhnen in der Luft. Ein feindliches Bombergeschwader flog auf uns zu, unsere Flack schoß aus allen Rohren und die Flugzeuge erwiderten das Feuer mit ihren Bordkanonen. Eilig suchten wir Schutz und warfen uns unter unseren Wagen.

Die Bomben waren für die unweit von uns gelegene Kreisstadt Pr. Eylau bestimmt, die bei diesem Angriff dem Erdboden gleichgemacht wurde. Wir spürten die Erde unter uns erzittern.

Mutter taute an einem kleinen Feuer Schnee auf, um etwas Trinkbares zu kochen, aber alles schmeckte nach Rauch. Um aber unseren Durst zu stillen, tranken wir dennoch davon.

Nachmittags wurden wir zum Aufbruch ermahnt. Wir zogen weiter durch das hügelige Land auf einem schmalen Weg durch einen dichten Wald. Plötzlich grunzte vor uns ein kleines Schwein. Mit großem Hallo wurde es eingefangen und von ein paar älteren Männern geschlachtet.

Unsere beschwerliche Fahrt ging wieder weiter. Es wurde allmählich dunkel, und wir gerieten oft in morastige, tiefausgefahrene Löcher im Weg. Außerdem wurde es von dem eisigen Wind wieder bitterkalt. Längere Zeit mußten wir auf einer Anhöhe halten, fütterten die Pferde und warteten vergeblich auf die anderen Tolkser Wagen.

Der Gutsverwalter hielt hinter uns, fragte mich, ob ich mit seinem Reitpferd, das er hinten am Wagen angebunden hatte, ein Stück zurückreiten wolle:" Schau doch mal nach, wo die anderen Tolkser stecken." Es war eine feurige Fuchsstute, die etwas aufgeregt herumtänzelte. Sie mochte einen so jungen Burschen wie mich wohl nicht. Ich jagte etwa eineinhalb Kilometer auf dem Weg zurück, bis ich von Soldaten angehalten wurde."Wohin willst du denn, und wieso reitest du so ein Pferd?" fragten sie. Außerdem dürfe ich nicht weiter zurück, da läge schon der Russe, teilten sie mir mit.

Einer der Soldaten näherte sich dem Pferd und wollte den Zügel ergreifen. Ich drückte der Stute die Absätze in die Seite, riß sie herum und schnell sauste sie im vollen Galopp mit mir den Weg zurück. Dort angekommen erzählte ich, daß man mich nicht durchgelassen hätte, und ich deshalb auch nicht die Tolkser finden konnte.

Wir beschlossen, die ganze Nacht durchzufahren, denn von der Front her krachte und blitzte es ununterbrochen und am Himmel hingen wieder die "Christbäume."

Unserm Nachbarn machte die Kälte sehr zu schaffen, jedesmal wenn wir anhielten, stieg er vom Pferd und klopfte Hände und Füße, damit wieder etwas Wärme hineinkam. Wegen der Dunkelheit wußten wir nicht so genau, ob wir uns auf dem festen Weg befanden. Plötzlich rief Herr Schmidtke:"Der Wagen kippt um!" Wir sprangen in Eile alle vom Wagen, stellten jedoch fest, daß wir seitlich vom Weg in eine Schneewehe gerutscht waren. Mit sehr viel Mühe bekamen wir den Wagen wieder frei und konnten die Fahrt fortsetzen. Die Frauen sagten dann immer: "Gott hat uns wieder geholfen!"

Gegen Mitternacht wollten die Pferde nicht mehr weitergehen, und wir fuhren auf ein Gehöft. Unterkunft bekamen wir weder für uns, noch für die Pferde. Also schliefen wir draußen auf dem Wagen, und die Pferde blieben davor gespannt. Wegen der Fahrräder, die wir mitgenommen hatten, war es jedoch sehr eng für alle. Schmidtkes stiegen vom Wagen ab und hatten das Glück, in einem der Häuser übernachten zu dürfen.

Wir befanden uns in dem Ort Kumkeim. Unsere Nachbarin suchte frühmorgens in einem Haus eine Feuerstelle, um etwas zum Trinken kochen zu können, kam zurück und meinte, die Leute hätten dafür kein Verständnis, sie wären sehr abweisend zu ihr.

Durch das Heulen der Granaten und die ununterbrochene Schießerei, wußten wir, daß die Front in der Nähe sein mußte. Unser Nachbar wurde von seinen Töchtern gebeten, er möge doch weiterfahren. "Ach schlaft noch, mir ist alles egal, ich bin schon halb erfroren," war seine Antwort. Dann kam aber der Gutsverwalter zu uns und meinte, es sei unverantwortlich, noch länger hier zu bleiben.

"Bald ist hier bestimmt schon Kampfgebiet, wir wollen doch lieber alle aufbrechen und weiterziehen."

"Wo sind denn Schmidtkes?" fragte jemand. Helmut und ich klopften gegen Fensterscheiben, und riefen:" Wir müssen weiterfahren, der Feind kommt näher."Sie meldeten sich nicht, aber schließlich kamen sie dann doch, weil sie unser Klopfen gehört hatten, und wir fuhren eiligst weiter.

Der Weg führte uns wieder an einem Wald vorbei, in dem ein Kampf tobte. Unsere Infanterie wurde aus dem Wald gedrückt, und wir mußten anhalten. Herrn Schmidtkes Stimme übertönte das Gedröhne. "Handgepäck fertig machen, wir kommen hier nicht mehr raus!" rief er. "Wären wir doch etwas weiter gekommen, dann hätten sie uns nicht erwischt, aber jetzt ist wohl alles zu spät", sagte unser Nachbar.

"Oh Gott," dachten wir, "was werden die Russen nur mit uns machen, wenn wir ihnen in die Hände fallen?" Plötzlich schrieen alle durcheinander:"Weiterfahren, fahrt schnell weiter, der Russe kommt!" Die Wehrmacht hatte für uns den Weg freigemacht und wir fuhren, so schnell es nur ging.

Flüchtende liefen in Scharen über die Felder, denn die letzten Wagen waren dem Feind in die Hände gefallen und die Leute konnten nur noch mit Mühe und Not entrinnen. Vor lauter Schießen und Granateinschlägen hörten wir nicht einmal mehr Herrn Schmidtke. Ganze vier Stunden fuhren wir dann ununterbrochen weiter, dann stand wieder alles still. Selbst die Wehrmacht konnte nicht sagen, wohin die Trecks ziehen sollten. Unweit von uns fanden überall Kämpfe statt.

Immer wieder hörten wir jemand rufen:" Fahrt da nicht weiter, ihr lauft dem Iwan in die Hände." Nach längerer Pause, als das Kampfgetöse schwächer wurde, zog der Treck langsam weiter und wir glaubten, endlich auf eine freie Strecke zu kommen. Leider bewegten wir uns in Richtung der Chaussee, die von Landsberg nach Rositten führt, wo sich an einer Kreuzung wieder alles staute.

Die Artillerie schoß ununterbrochen, Geschosse heulten und schlugen um uns ein. Unsere Soldaten führten einen Gegenangriff durch. Dadurch kam auch unser Treck wieder in Bewegung und für längere Zeit voran. Wir durften auf die Chaussee, fuhren bis in die Nacht hinein und waren um 23 Uhr in Rositten. Ein paar Bomber flogen über den Ort, aber es geschah nichts weiter. Bei der Suche nach einem Quartier gaben uns Soldaten den Rat, so schnell wie möglich weiterzuziehen. Wohin, das wußten sie auch nicht, aber hier sei alles überfüllt.

Endlich fanden wir noch einen Schuppen, in dem es nicht so zog, für unsere geschundenen Pferde. Den Rest der Nacht verbrachten wir auf dem Wagen in den schmutzigen Betten. Früh morgens war unsere Oma aus dem Wagen gestiegen und hatte sich dabei verirrt. Wir sind in mehrere Richtungen losgegangen, um sie zu suchen. Als wir sie nach langer Zeit fanden, meinte sie:"Ich dachte, ich bin in Heilsberg und wollte meine Freundin besuchen." Sie war vollkommen durcheinander. Auch auf dem Wagen wußte sie nicht wo sie war. "Immer bin ich durch eine Tür gegangen, und jetzt muß ich hier durch ein Fenster kriechen!" hörten wir sie murmeln.

Der kommende Tag war der erste Sonntag auf unserer Flucht,

und er sollte auch unser Ruhetag sein. Am Morgen fanden wir ein Haus, in dem wir alle frühstücken konnten. Später wurde ein Weckglas mit Gänsefleisch geöffnet, Kartoffeln gekocht, und wir wurden mal wieder richtig satt. Die Hausbesitzer waren geflüchtet. Jetzt fanden Soldaten und Flüchtlinge für kurze Zeit eine Unterkunft. Jeder wollte sich ein wenig aufwärmen.

Wir Kinder verbrachten die meiste Zeit im Freien. Unser Nachbar begegnete im Dorf der Familie Böhnke aus Sortlack. Herr Böhnke war zu Hause von Russen angeschossen worden und lag krank auf dem Wagen. Unterwegs waren sie noch einmal dem Feind in die Hände geraten, und man hatte ihnen alles weggenommen. Jetzt fuhren sie einen Wagen von der Wehrmacht und schlossen sich unserem Treck an.

Früh am Morgen des kommenden Tages, als wir weiterziehen wollten, war unsere kleine Gretel verschwunden. Mutter weinte und sagte:" Nun sucht bloß das Kind! Wo kann die nur sein?" Überall im Ort haben wir gesucht, aber vergebens. Eine ältere Frau, die mit Handgepäck des Weges kam, hatte ein ganzes Stück zurück ein kleines blondes Mädchen und einen etwas größeren Jungen gesehen. Das könnte sie sein, dachte ich, lief die Dorfstraße entlang und fand sie weinend bei dem Jungen. Ich bückte mich zu ihr herunter und sie erzählte mir:"Ich wollte nur auf den Hof gehen und habe nicht mehr zurückgefunden."

Als ich mit dem kleinen Ausreißer ankam, freuten sich wieder alle. Endlich konnten wir abfahren. Mutter nahm Gretel in die Arme und alle waren beruhigt.

Der Gutsverwalter kannte in dieser Gegend den Bauern Hartmann in Montitten, der aus unserem Nachbarort Reddenau stammte. Bei ihm wollten wir alle übernachten. Es war noch ein gutes Stück zu fahren, und wir machten erst einmal eine Ruhepause. Meine Aufgabe bei einer Rast bestand darin, beim Füttern der Pferde zu helfen und die etwas nervöse Fuchsstute zu bewegen. Angst hatte ich nicht vor ihr, aber ein ungutes Gefühl überkam mich doch jedesmal, wenn ich sie reiten sollte. Sie kannte mein Verhalten wohl noch nicht und machte bockige Bewegungen. Sonst wurde sie nur vom Gutsverwalter geritten.

"Junge, paß nur auf," sagte Mutter," die geht noch mal mit dir durch", aber mit der Zeit konnte ich sie bändigen. Sie schnaubte, scharrte mit dem Huf und schlug mir den langen Schweif um die Ohren, dann schaute sie mich mit ihren großen Augen an, als ob sie sagen wollte:" Nun mach schon, ich will endlich los!"

Sie hatte einen sehr schönen Sattel und Zaumzeug. Der Ritt ging über die verschneiten Felder bis in die Nähe eines Waldes, wo wieder Militär lagerte. Wenn ich merkte, daß sie warm wurde, ritt ich zurück. Über Gräben zu springen, hielt ich für ein zu großes Wagnis und ließ sie lieber über verschneites Feld laufen. Ihr Besitzer erwartete uns schon, redete mit ihr, klopfte ihr den Hals und streichelte sie. Dann nahmen wir den Sattel ab, und sie wurde am Wagen angebunden.

Spät abends kamen wir in Montitten an. Die Häuser lagen da wie dunkle Schatten. In der Luft hörten wir ein tiefes Brummen, und dann war das ganze Dorf von Leuchtschirmen erhellt. Wir hielten alle an, denn feindliche Bomber zogen über uns hinweg. Auf dem Gehöft des Bauern Hartmann machten wir Rast. Als der Gutsverwalter Herrn Hartmann begrüßt hatte, wurden wir alle freundlich gebeten, hinein zu kommen.

Ein Bediensteter brachte uns zu einem geschlossenen Schuppen, in dem Heu gelagert war, und worin wir übernachten sollten. Für die Pferde wurde auch gesorgt. Sie bekamen reichlich Futter und Wasser und standen auch mal wieder in einem Stall. Wir legten uns alle ins Heu, deckten uns auch damit zu und schliefen wie die Murmeltiere. Früh morgens war ich schon draußen und half unserm Nachbarn beim Füttern der Pferde. Herr Schmidtke sprach kein Wort, er war sehr mürrisch. Es gab ein gutes Frühstück. Danach holte ich einen Eimer Wasser in den Stall, machte meinen Oberkörper frei und spülte mich erst einmal richtig ab. Gesicht und Hände wuschen wir gewöhnlich, wenn überhaupt, nur draußen mit Schnee.

Für Mittagessen sorgte die Familie Hartmann. Da ihnen die Flucht auch bevorstand, hatten Hartmanns ein Rind und ein Schwein geschlachtet, um alle Flüchtlinge zu verpflegen.

Wir haben noch einmal ein paar Tage richtig gut gelebt. Große Mengen Klopse wurden gebraten, Kartoffeln aus dem Keller geholt und auf dem Herd wurde gekocht und gebrutzelt.

Weil am großen Küchenherd schon so viele Frauen standen, wollten unsere Nachbarin und Mutter doch selbst etwas kochen. Eine Feuerstelle hinter der Scheune aus Ziegelsteinen und ein paar Eisenstangen, die wir erst gerade biegen mußten, wurde hergerichtet. Wir staunten, wie schnell die Frauen in unseren Kochtöpfen ein Essen fertig hatten.

Die Frau des Verwalters und die Baronesse mit Anhang hatten sich der Familie Hartmann angeschlossen, nur um den Kriegsgefangenen und Erwin kümmerten sie sich seltsamer Weise nicht. Die beiden waren sehr dankbar, als wir sie mit Essen versorgten.

Mutter backte in einem großen Ofen Brot. Es war noch nicht ganz fertig, als Soldaten auf den Hof kamen und uns erklärten: "Montitten muß geräumt werden, die Artillerie steht bei Rositten und die Front rückt sehr schnell näher."

Im Wald wurde schon geschossen. Auf dem Grundstück schlugen Granaten ein. Bauer Hartmann traf jetzt auch Vorbereitungen zur Flucht. Wir brachen gegen 16 Uhr auf. Mutter´s Brot wurde auch noch fertig. Die Wege waren sehr befahren. Wir versuchten wieder, auf dem verschneiten Feld weiterzukommen.

Für die Pferde war das sehr anstrengend. Manchmal ging es durch verschneite Gräben, durch die wir sehr vorsichtig fahren mußten. An jeder Anhöhe halfen wir mit vereinten Kräften durch Nachschieben des Wagens. Schweißgebadet bekam man dann anschließend das Frösteln vom kalten Wind.

Wir sahen nur noch Flüchtende und lange Trecks ohne Ende. Die Reihen wurden immer länger - eine Massenflucht.

In den nächsten Tagen sind wir dann gefahren, um so schnell wie möglich aus der Gefahrenzone herauszukommen. Der Feind zog den Kessel immer enger und war nicht aufzuhalten. Unweit von uns war Kampfgebiet. Den ganzen Tag über hörten wir Maschinengewehrfeuer und heulende Geschosse von größeren Geschützen, die überall einschlugen. Es war wie in einem Hexenkessel. In der Nacht, wenn es ruhiger wurde, hielten wir Ausschau nach einem Stall oder Schuppen, um auszuruhen. Dort war es doch wärmer, als auf dem feuchtkalten Wagen. Unser Nachbar umsorgte alle und man hörte nie unfreundliche Worte von ihm. Auch um die Belange unserer Familie kümmerte er sich. Gegen abend sahen wir vor uns den Ort Rehfeld. Die anbrechende Dunkelheit ermahnte uns, eine Rast zu machen. Endlich kamen wir auf ein Gehöft, auf dem schon sehr viele Treckwagen standen. Um etwas geschützt zu übernachten, fuhren wir vor ein größeres Stallgebäude, sahen aber in der Finsternis nicht, daß wir über eine Jauchegrube fuhren, deren Abdeckung nur aus Brettern bestand, wo dann zu allem Übel eins unserer Pferde einbrach. Das war nun wieder etwas für Herrn Schmidtkes schlechte Laune. Zusammen mit unserem Nachbarn mußte er das Pferd ausspannen und aus der Grube ziehen. Das Pferd tobte vor Schreck und Angst so, daß es sehr viel Mühe machte, es heraus zu bekommen. Die Männer schufteten und quälten sich sehr, schafften es doch endlich und brachten das zitternde Tier in einen Schuppen, wo sie es ordentlich wuschen und mit Stroh abrieben. Besonders gut reinigten sie ein paar Schürfwunden, die es abbekommen hatte und warfen ihm noch eine alte Decke über. Futter wollte es aber nicht zu sich nehmen, es saugte nur eine Menge Wasser aus einem Eimer.

Die Besitzer waren noch zu Hause, aber eine Übernachtungs-möglichkeit im Haus war für uns nicht vorhanden, weil alle Räume mit Militär und Flüchtlingen belegt waren. So suchten wir für die Pferde erst einmal Futter und tränkten sie.

Mutter hatte für uns alle ein paar Scheiben Brot geschnitten und mit einem Stückchen Speck belegt. Sie reichte es uns vom Wagen, um den wir herumstanden. Wir stillten unseren Hunger und unter-hielten uns noch eine kurze Zeit über das Malheur mit dem Pferd in der Jauchegrube. Danach stiegen alle auf den Wagen und schliefen übermüdet ein. Mutter betete lange für uns alle.

Am anderen Morgen begegnete Mutter einer bekannten jungen Frau aus Bartenstein, die ganz aufgelöst und todtraurig war, denn bei dem Chaos war sie unterwegs von ihrer Familie getrennt worden und zog jetzt alleine weiter. Auch anderen Bartensteinern sei es ähnlich ergangen. Sie seien aber schon verzweifelt und verängstigt zu Fuß weitergegangen und glaubten nicht daran, ihre Angehörigen je wiederzufinden.

Unser Nachbar und ich lehnten an einem Zaun und schauten dem regen Treiben zu. Soldaten fuhren in die eine, und der Flüchtlingstreck in entgegengesetzter Richtung. Daneben Mütter zu Fuß mit ihren Kindern, jeder ein Bündel tragend.

Hier wurde uns auch schon erzählt, daß wir mit Pferd und Wagen über das Frische Haff fahren sollten, nur wie weit und wohin, darüber wußte niemand etwas näheres zu sagen.

"Wir werden es schon erfahren", dachten wir. Am Ende des Dorfes stoppte uns die Feldpolizei und forderte unsern Nachbarn auf, vom Pferd zu steigen. Sie redeten auf ihn ein, und er kam dann hinten an unseren Wagen und bat um seinen Wehrpaß, den sie unbedingt sehen wollten, kam auch gleich ganz verstört wieder und wollte seinen Rucksack haben. "Ich muß hierbleiben", sagte er mit zitternder Stimme. Für die Familie ging die Welt unter. Bis jetzt war alles so gut gegangen, wie konnte man nur in dieser schweren Zeit noch den Vater wegholen? Frau und Töchter klammerten sich an ihn und weinten ganz laut.

Es half nichts, alle Männer, die noch nicht zu alt waren, sollten hierbleiben. Herr Schmidtke sah wohl etwas älter aus oder man brauchte ihn noch nicht. Unsere Nachbarin sprach mit einem Offizier, der ihr sagte:"Liebe Frau, in Heiligenbeil werden ihnen alle brauchbaren Männer behilflich sein" und sie dachte: "dann sehen wir ihn ja wieder und er darf mit uns kommen." Sie suchte noch ein paar

Kleidungsstücke zusammen und verabschiedete sich von ihm. Es war ein sehr trauriger Augenblick, er blieb zurück mit Tränen in den Augen, wir mußten weiterziehen.

Das geschah am 10. Februar, wir würden den Tag nie vergessen, denn es könnte ein Abschied für immer gewesen sein, alle waren sehr traurig. Der Gutsverwalter kam zu uns und brachte den Kriegsgefangenen aus Frankreich mit.

Jetzt war er mit uns auf der Flucht und mußte an Stelle unseres Nachbarn aufs Pferd. Ich kannte ihn sehr gut, denn wir waren uns beim Schlittschuhlaufen auf dem Dorfteich begegnet und unterhielten uns oft über sein Schicksal und das meines Vaters. Daß er keine große Lust hatte, in der Kälte auf dem Pferd zu sitzen, merkte ich wohl, denn er spielte mit dem Gedanken, bei passender Gelegenheit zu "türmen", wußte aber nicht so recht, wie er es anstellen solle. Er meinte:"wenn ich geschnappt werde, legen die mich um." Herr Schmidtke wurde wieder mürrisch, obwohl er sich freute, daß man ihn nicht vom Wagen geholt hatte. Er machte seinem Unmut Luft, indem er dauernd fluchte.

So zogen wir alle traurig weiter über Felder und verschneites Land. Am Abend hielten wir Rast an einem Haus, in dem nur noch ein altes Mütterchen wohnte. Sie war sehr freundlich und fürsorglich und meinte, wir könnten alle in ihrer Küche übernachten, da wäre es wenigstens warm.

In aller Frühe wollten wir weiterziehen, besannen uns aber eines Besseren, blieben bei der "Oma" und bereiteten ein Essen zu. Wenn man Hunger hatte, roch das Essen immer besonders gut. Die Frauen hatten aber ein so großes Feuer gemacht, daß plötzlich die Flamme in den Topf schlug und unser Fleisch etwas anbrannte.

Herzlich verabschiedeten wir uns dann von der lieben Oma. Nein, flüchten wolle sie nicht. "Wo soll ich noch hin?" meinte sie und stand als wir abfuhren lange winkend vor ihrem kleinen Haus. Über uns dröhnte ein Bombergeschwader hinweg.

Am 12. Februar waren wir in Heiligenbeil. Jetzt konnten wir sehen, wobei uns die Männer helfen sollten, die hierbleiben mußten. Hier waren Polizisten und Volkssturmmänner damit beschäftigt, die Flüchtlingswagen zu "entrümpeln". Wäsche, Betten, Lebensmittel, alles was nach ihrer Meinung zu viel auf dem Wagen war, wurde ohne Absprache heruntergerissen und flog in den Straßengraben oder lag in dem von Pferd und Wagen aufgewühlten Matsch am Wegrand. Wer sich dagegen widersetzte, dem wurden Maßnahmen mit schwerwiegenden Folgen angedroht. Es war zum Heulen, wir standen da und sahen zu, wie alles vom Wagen flog.

Herr Schmidtke hatte einen Sack Hafer gefunden und wollte ihn hinten auf den Wagen werfen. Dabei geriet er mit einem Polizisten in Konflikt und bekam einen Schlag ins Gesicht. Er wollte sich erst zur Wehr setzen, unterließ es dann doch.

Von unserem Wagen warf ein Mann eine Menge Sachen auf die Straße. Mutter wurde böse, konnte aber nichts dagegen tun.

Später wurden wir noch einmal in Heiligenbeil gefragt, ob der Wagen "entrümpelt" sei. Die Frauen erwiderten ungehalten:"Wollt ihr uns denn noch das Letzte wegnehmen?" Die Männer setzten uns noch eine alte Dame und eine junge Polin mit einem Kinderwagen und zwei kleinen Kindern auf den Wagen.

Unsere Nachbarn suchten nur ihren Vater; aber wer weiß, wohin man den eingeteilt hatte. Immer wieder wurden wir kontrolliert, aber wenn die Kontrolleure den Kinderwagen erblickten, durften wir weiterfahren.

Hinter Heiligenbeil bestanden die Fahrwege nur noch aus Schlamm, so daß der Wagen fast bis an die Achsen versank. Unsere Fahrt endete auf einem großen Sammelplatz, wo schon viele auf die Weiterfahrt warteten.

Mit dem Planwagen auf der Flucht

Wir suchten gleich nach Bekannten, leider erfolglos. Auf vielen kleinen Feuerstellen wurde hier gekocht, und es wurden sogar Flinsen gebacken. Wir hatten nicht die richtigen Zutaten, und Mutter versuchte es mit Weizenmehl und Backpulver. Mit Zucker bestreut schmeckten die Pfannkuchen ausgezeichnet. Hier hörten wir, daß die Wagen zur Fahrt übers Haff nur 30 Ztr. wiegen dürften und sahen, daß so mancher die großen Gegenstände ablud und zurückließ.

Ein paar junge Männer kamen vom Haff zurück und erzählten, daß alle mit Pferd und Wagen in kurzen Abständen über das Eis fahren. Nun wußten wir, was uns bevorsteht!

Viele Leute machten Handgepäck fertig. Sie hatten Angst, mit einem Fuhrwerk über das Eis zu fahren und warfen bis auf das Nötigste alles andere weg. Ich fand in einem entrümpelten Haufen ein kleines Säckchen Zucker und 30 Päckchen "Rote Grütze mit Sago", wovon wir abends eine Menge Pudding kochten. Auf unserem Wagen fanden wir noch ein Glas Kirschen, doch zum Suppe kochen kamen die Frauen nicht mehr. Die Kirschen schmeckten uns auch kalt sehr gut.

Wenn ich mir unser großes Gefährt anschaute, dachte ich: "Mit uns vielen Leuten und allem was wir aufgeladen haben, ist der Wagen gewiß auch einige Zentner schwerer, als vorgeschrieben, aber schließlich ist er ja entrümpelt worden!"

Herr und Frau Schmidtke beobachteten genau das Geschehen um uns herum und sahen, daß alle ihre Habseligkeiten zurückließen. Sie bemerkten dann nebenbei, daß sie nur unsertwegen alle ihre Sachen zu Hause gelassen hätten. Dafür konnten wir nun wirklich nicht! Sie wären auch von hier aus gern alleine weitergezogen, aber dann hätten wir ja keinen Fuhrmann, meinten sie. Noch mehr verlieren könnten sie ohnehin nicht und nur mit Handgepäck kämen sie auch schneller voran.

Bis Deutsch - Bahnau war es nicht weit, und dort sollten wir auf das Eis des Haffs. Erneut mußten wir durch eine Polizeikontrolle und jetzt traf das ein, was Frau Schmidtke nicht erwartet hatte! Herr Schmidtke mußte absteigen, sollte hier den Leuten behilflich sein, und nun erlebten wir das gleiche wie am 10. Februar. Frau Schmidtke fühlte jetzt, was die Nachbarn vor ein paar Tagen durchgemacht hatten.

Niemand war schadenfroh, es war wieder so traurig und alle waren am Heulen. Herr Schmidtke hatte wegen der Kälte Holzpantoffeln an den Füßen und mußte durch einen sehr tiefen Matsch. Die Schuhe in einer Hand, ein kleines Bündel in der anderen, so nahm er Abschied und ging wie ein Bettler fort.

Keiner fragte danach, wer jetzt den Wagen fährt. Der Franzose sagte zu mir: "Setz du dich auf den Kutscherbock, du kannst doch mit Pferden umgehen, es wird schon gehen."

DIE FAHRT ÜBER DAS EIS
DES FRISCHEN HAFFS

Am 14. Februar um 16.30 Uhr hielten wir am Frischen Haff, das kahl und unendlich weit vor uns lag. Zwei Polizisten standen am Ufer und ließen die Wagen im Abstand von 50 Metern auf's Eis, doch wir mußten die Vorderpferde abgeben, weil das Gefährt zu schwer war. Die Frauen bekamen eine Wahnsinnsangst, stiegen vom Wagen und gingen zu Fuß hinterher. "Es sind ja nur 8 km", meinten die Polizisten, aber es war wohl weiter.

Der Wagen konnte nun sehr schnell fahren. Weil Mutter aber die kleine Gretel trug und nicht so schnell gehen konnte, setzte sie ein Polizist auf einen anderen Wagen. Ich saß mit dem Franzosen abwechselnd vorne auf der Bank. Wir fuhren so lange, bis unsere Hände kalt waren und liefen dann auch ein Stück nebenher, mußten aber doch langsamer fahren, denn viele waren schon ein Stück zurückgeblieben. Wegen einsetzender Dunkelheit und des kalten Windes, der über's Haff fegte, stiegen alle wieder auf. Mutter saß auch wieder auf unserem Wagen. So hofften wir, die Nehrung zu erreichen.

Autos, Busse und Pferdewagen waren eingebrochen. Es ragten nur noch die Dächer aus dem Wasser. Es schauderte uns bei dem Gedanken, es könne uns auch so ergehen. Auf der Bank war es kalt. Der Franzose löste mich ab, damit ich hinterherlaufen konnte, um wieder warm zu werden. Dabei ging ich kurze Zeit neben dem folgenden Wagen und unterhielt mich mit den Leuten über die vielen eingebrochenen Fahrzeuge.

Wenige Schritte neben mir wanderte langsam eine ältere Frau, in jeder Hand ein Bündel tragend. Überraschend versank sie in einem Eisloch. Ihre Habseligkeiten festhaltend, jammerte sie und bat mich flehendlich, ihr doch zu helfen. Mit großer Mühe zog ich sie wieder auf's Eis und bat den Fahrer eines folgenden Wagens, er möge sie doch mitnehmen, half ihr noch beim Aufsteigen.

Unser Wagen war schon außer Sichtweite. Ich mußte mich beeilen, um ihn einzuholen. Hechelnd hielt ich mich an der hinteren

48

Klappe fest. Mutter wollte wissen, was denn passiert sei, aber ich konnte nicht antworten, meine Puste war alle. Als sie dann erfuhr, daß ich eine Frau, die eingebrochen war, aus dem Wasser gezogen hatte, sollte ich auf dem Wagen erst einmal ausruhen. Ich ging aber zu dem Franzosen und löste ihn wieder ab, denn dem klapperten schon die Zähne vom kalten Wind.

Anfangs sicherten Polizisten die brüchigen Stellen, die im Eis waren, aber jetzt im Dunkeln fuhren wir einsam und verlassen über große Löcher, versehen mit einer schwimmenden hölzernen Behelfsbrücke, die von der schweren Last so sehr durchbog, daß die Pferde vor Angst aufgeregt schnaubten.

Vor uns konnten wir nur noch schemenhaft dunkle Schatten, die wie Wagen aussahen, und in der Ferne kleine Lichter, denen wir uns langsam näherten, erkennen. "Das mußte wohl schon die Nehrung sein", dachten wir, und waren glücklich, daß die Fahrt über das Eis bald ein Ende nehmen sollte.

"Hier stehen schon viele Wagen, es muß nicht mehr weit sein!"rief ich nach hinten, merkte aber, daß die Pferde im Wasser gingen und wir wußten nicht recht, wo wir fahren sollten. Der Franzose war auch schon ganz aufgeregt, denn vor uns wurde es laut. "Hilferufe"drangen zu uns herüber. Andere riefen uns zu: "Fahrt nicht weiter, wir saufen alle ab."

Es wurde immer unheimlicher denn die Pferde schnaubten und der Wagen lief schon bis an die Achsen im Wasser. Ich rutschte plötzlich ganz nach links und fragte den Franzosen: "Was ist denn jetzt? der Wagen steht schief!" Der faßte an meinen Arm und sagte: "Schnell, vom Wagen runter, wir saufen ab!" Im selben Moment, als ich rief:"Ihr müßt alle vom Wagen runter, das Eis bricht," da gab es einen Ruck, und wir brachen ein, hingen in Schräglage an der Eiskante und alle schrieen laut um Hilfe.

Frau Schmidtke, die am Wagenende saß, wollte nicht ins Wasser springen, aber die ältere Nachbarstochter hatte den Mut und sprang als Erste. Sie rutschte auf der Eisscholle tiefer, zog sich aber an der Wagenecke wieder hoch und dann folgten gleich Ihre Mutter und Schwester und auch Frau Schmidtke. Aber auch sie rutschte in tieferes Wasser und die Frauen reichten ihr die Hand, um ihr zu helfen. Es war ein schrecklicher Moment, sie schrieen und jammerten, standen dann aber, bis über die Knöchel im Wasser, auf festem Eis.

Ich kletterte über das Wagendach. Der Franzose wollte die Pferde von der Deichsel lösen. Wieder erschütterte ein Rumpeln und Poltern das Eis und nun waren auch noch die Pferde eingebrochen. Allen anderen konnte ich vom Wagen helfen, nur Oma Elias hatte nicht begriffen was eigentlich geschehen war, sie meinte, "der Wagen steht doch nur etwas schief."Ich nötigte sie und zerrte an ihr, um sie endlich mit großer Mühe herunter und auf festes Eis zu bekommen. So standen alle verängstigt in dem kalten Wind auf dem Eis und jammerten. Die Nachbarn hatten noch eine Tasche gerettet, Frau Schmidtke waren die beiden Pelzmützen ins Wasser gefallen, das Polenmädchen mit den Kindern weinte, und alle froren jämmerlich. Mutig bemühte sich der Franzose die Pferde aus dem Eisloch zu bekommen, aber in ihrer Angst tobten sie so sehr, daß er fürchtete, auch noch zu ertrinken. Er schaffte es nur, ein Pferd auf das Eis zu holen. Auf den Wagen wollte ich im Dunkeln nicht mehr. Wir tasteten uns, vor Kälte schlotternd, so schnell wir konnten durch das Wasser an Land auf die Nehrung.

Die Hilferufe der Frauen verhallten in der Nacht. Der Franzose zog schweigend mit dem einen Pferd an uns vorbei. Er suchte wohl sein Glück im Unglück und verschwand.

Es war am 14. Februar um 19.30 Uhr, als uns das Unglück ereilte. In Landnähe trafen wir die Frau des Verwalters. Ja, sie wären gut hier hergekommen, konnten aber nicht an Land, weil am Ufer die großen Gummiwagen aus Schrombehnen alle eingebrochen seien, und das Eis auf einer langen Strecke vollkommen kaputt wäre.

Durch Schilf und Gestrüpp gingen wir auf die Nehrung, auf festen Boden und hofften, in einem Haus unsere Kleidung trocknen zu können. Wir trafen nur einige Polizisten, die sich vom Haff hierher zurückgezogen hatten. Einer von ihnen brachte uns in ein Haus, in dem wir aber nicht unsere Kleider trocknen konnten. Es war alles so trostlos, denn genau wie uns erging es in dieser Nacht sehr vielen anderen Menschen.

Mutter hatte eine Feldküche entdeckt und sprach mit dem Koch, der zu ihr sagte: "Beste Frau, sie können gerne am Feuerloch ein paar Sachen trocknen, aber sie müssen selbst aufpassen, daß nichts abhanden kommt." Eine Weile trockneten wir ein paar Kleidungsstücke. Der Soldat war so freundlich und zog ein Stückchen Leine für uns. Unsere langen Strümpfe, von denen wir jeder zwei Paar anhatten, waren noch pitschenaß. Wir zogen sie aus und hängten sie an der warmen Feldküche auf. Leider konnten wir nicht die ganze Nacht hier draußen verbringen.

Helmut und ich gingen dichter ans Ufer. Wir wollten uns aus Schilf und Gräsern ein Nachtlager bauen. Mutter fürchtete, wir würden erfrieren, und wir mußten mit ins Haus in den großen unbeheizten Raum, in dem es aber doch angenehmer war. Wir befanden uns in einem alten Forsthaus, das die Wehrmacht jetzt als Hauptverbandsplatz nutzte. Kranke, Flüchtlinge, Verwundete und Sterbende, alles saß und lag zitternd, stöhnend und jammernd nebeneinander, dazwischen weinende Kinder.

Unsere Familie saß dicht daneben, zusammengedrängt in einer Ecke. Mit meiner Pelzjacke deckten wir unsere Beine zu, aber warm wurden wir nicht. Oma saß neben mir und jammerte: "Was wollen wir nur in diesem kalten Haus."

Müde und zitternd gingen wir am frühen Morgen wieder nach draußen und liefen schnell zur Feldküche, um die restlichen Strümpfe zu holen. Die müßten wohl trocken sein, meinten wir.

Weit gefehlt! Jetzt war da ein anderer Koch, und als Mutter ihm sagte:"Wir wollen nur unsere Strümpfe holen," knurrte er uns an: "Da könnte ja jeder kommen, hier sind doch keine Strümpfe." Es war wohl auch dumm von uns, daß wir sie nachts nicht mehr geholt hatten. Meine Frage, ob er etwas zu trinken hätte, verneinte er, es sei noch nichts fertig. Wohl oder übel mußten wir ohne unsere Strümpfe abziehen.

Erst jetzt bemerkten wir die vielen Wagen mit Verwundeten, die hilflos, zitternd und blutverschmiert die ganze Nacht hier draußen auf Wagen und Tragen gelegen hatten und darauf warteten, von einem Arzt behandelt zu werden. Es war alles so grausam. Zustände, für die man keine Worte findet!

Erst einmal mußten wir zu unserem versunkenen Wagen, um nachzusehen, ob noch etwas zu retten sei. Wir achteten darauf, daß unser Schuhzeug nicht wieder naß wurde. Auf dem Eis begegneten wir der Frau des Verwalters, die in Tränen ausbrach und erzählte, daß eine bekannte alte Dame in dieser Nacht verstorben sei und auf den Wagen von Bauer Hempel gebracht wurde, der sich auch unserer Gruppe angeschlossen hatte. Er stammte aus einem unserer Nachbarorte

Unser Wagen war an der Unglücksstelle noch tiefer gesunken. Das zweite Pferd lag ertrunken und aufgedunsen im Wasser.

Polizisten warnten uns und meinten, wir sollten auf eigene Gefahr versuchen, etwas zu retten. Mit den Dachbrettern des Wagens bauten wir einen Steg zum Wagen, der aber durchbog und wieder im Wasser versank. Ein junger Mann, Heinz Böhnke, wollte mir behilflich sein und kletterte gleich auf den Wagen.

Ratschläge erhielten wir genügend von allen Seiten, aber es traute sich niemand näherzukommen. Ich hatte meine Schuhe ausgezogen und mußte bis zum Wagen wieder durch eiskaltes Wasser. Heinz Böhnke reichte mir Sachen, die oben lagen und ich warf sie den auf dem Eis Wartenden zu. Taschen und wichtige Dinge, wie einen Sack mit Kleidern, die aber schon feucht waren, konnten wir noch retten, aber alles andere lag weiter unten im Wasser.

Frau Böhnke ermahnte ihren Sohn, der vergeblich an den Fahrrädern zerrte, weil alles zu einer Seite gerutscht und eingeklemmt war, er solle herunterkommen, denn der Wagen versank immer tiefer. Wir brachen unsere "Rettungsaktion" ab und begaben uns auch auf festes Eis. Frau Böhnke hielt ein Paar Socken in der Hand, die ich anziehen mußte. Mit unseren feuchten Bündeln und Handtaschen, die voll Wasser waren, standen wir in der Morgensonne, schauten uns um und waren erschrocken, als wir die vielen versunkenen Pferdefuhrwerke sahen.

Der Gutsverwalter bedauerte es, daß die Fahrräder im Wasser lagen, es hätte das Weiterziehen erleichtert, denn wir waren sehr viele, die mit einem Fahrzeug mitfahren wollten. Unsere Oma sagte leise:"Was muß man nur alles mitmachen!"und ging ganz verstört mit durchnäßten Schuhen und Strümpfen auf dem Eis hin und her. Frau Schmidtke hatte ihre Habe bei Böhnkes auf den Wagen geworfen, der auch vorher schon sehr schwer war. Wir waren entschlossen, mit unserem Bündel in der Hand, auf dem Eis weiter nach Pillau zu ziehen. Plötzlich tauchten mit tiefem Dröhnen feindliche Flugzeuge auf, schossen mit Bordkanonen auf alles, was sich bewegte und warfen zu allem Übel noch mehrere Bomben ab. Die ganze Eisfläche hob und senkte sich, große Stücke flogen in die Luft und weite Teile wurden vollkommen zerstört. Wir hatten gehofft, von Pillau mit einem Schiff in den Westen Deutschlands zu gelangen, aber jetzt war auch das nicht mehr möglich.

Die Polizei leitete alle Wagen, die über das Haff kamen und auf die Nehrung wollten, auf dem Eis in Richtung Danzig weiter. Böhnkes nahmen noch zwei Personen von uns mit. Oma Elias und meine kleine Schwester Gretel durften in der Kutsche der alten Baronesse mitfahren. Alle anderen liefen zu Fuß weiter. Schon kam wieder eine Welle Flugzeuge und beschoß uns mit Bordwaffen. Jeder suchte Schutz am Wagen. Die Geschosse schlugen neben uns ins Eis. Verletzt wurde von uns niemand. Weil die Wehrmacht keinen an Land ließ, zogen wir auf dem Eis weiter. Wir fuhren und gingen, es nahm kein Ende. Schließlich waren es dann ca. 50 Kilometer, die wir zurückgelegt hatten.

Drei Tage und Nächte, mit längeren Unterbrechungen und immer noch in feuchten Kleidern, bewegten wir uns schon auf dem Eis. So mancher konnte nicht mehr gehen. Wer seine nassen Stiefel auszog, hatte dick angeschwollene Füße, die schneeweiß wie abgestorben aussahen. Wenn es Abend wurde, gingen wir doch einmal an Land, um Strümpfe an einer Feldküche zu trocknen. Offenes Feuer zu machen, war wegen der Flugzeuge und der feindlichen Artillerie, die aus Frauenburg herüber schoß und große Eisflächen zerstörte, verboten. An einem Essenkessel der Organisation Todt, wärmten wir unsere Hände. Ein eisiger Wind, der übers Haff blies, drang durch unsere Kleider und schnitt wie ein Messer im Gesicht. Diese Nacht verbrachten wir sehr unruhig und ängstlich auf dem Packwagen des Verwalters. Doch ein zweites Mal, das noch schlimmer ausgehen könnte, wollten wir nicht wieder einbrechen.

Wenn sich das Eis senkte und das Wasser auf der Oberfläche höher stieg, mußte Erwin schnell die Pferde antreiben und ein Stück weiterfahren. Zwei Ersatzpferde, die hinten angebunden waren, hungerten und froren so sehr, daß sie schon an den Brettern und Teppichen nagten, die um den Wagen genagelt waren. Sogar ein Brot hatten sie auf dem Wagen gefunden und gefressen. Uns schmeckte kaum noch Essen und Trinken, denn das abgekochte Wasser aus dem Haff roch moderig. Wir aßen lieber Schnee oder lutschten ein Stück Eis, wenn wir durstig waren. Alle sahen müde aus und zogen hohläugig und schlapp langsam weiter. Um die Mittagszeit liefen wir mal wieder an Land und bettelten an der Feldküche um etwas Warmes zu essen oder trinken. Einen Teller oder ein anderes Gefäß hatten wir nicht, suchten uns weggeworfene Blechdosen oder was sonst herumlag, wuschen es etwas aus und erhielten einen "Schlag" aus der Gulaschkanone. Dort schenkte uns ein Soldat ein Schwarzbrot, das für uns alle reichen mußte. Oft schmeckte alles nach Medizin oder Salbe, weil unsere Gefäße nicht sauber genug waren. Die Frau des Verwalters sah unser Elend und gab für jeden ein Stückchen geräucherten Speck. Sie ging damit aber sehr sparsam um, denn für so viele Esser mußte doch schon ein größeres Stück abgeschnitten werden.

Als dann alle so erschöpft waren, daß sie kaum noch laufen konnten, an den Wagen gefaßt hatten und hinterher wankten, wurde es langsam kritisch. Immer noch schoß die Artillerie von Frauenburg her, und die Granaten versenkten dann gleich mehrere Wagen, die nur noch mit den Dächern aus dem Eis ragten. Bis zu 10 Stück gingen der Reihe nach unter. Überall lagen tote Pferde und schwammen Gepäckstücke herum.

Auf weiten Strecken war das Eis sehr brüchig und mit Wasser überzogen. Wir fürchteten, der schwere Packwagen würde auch noch untergehen. Doch endlich wurden wir in der Nähe von Bodenwinkel über Holzbrücken an Land geführt und alle dankten dem Herrgott, daß wir festen Boden unter den Füßen hatten.

Hempels fuhren gleich weiter nach Kahlberg, wo die alte Dame beerdigt werden sollte. Wir verloren uns dadurch aus den Augen. Doch die Tochter der Verstorbenen fand sich später wieder ein. Unser Leben hatten wir erst einmal gerettet, aber außer Mutter´s Handtasche besaßen wir nur noch das Zeug auf dem Leib. Geld, Bilder und die Familienpapiere, alles klebte aneinander und mit Tinte Geschriebenes war verschwommen und unleserlich.

Ab jetzt waren wir vollends auf fremde Hilfe angewiesen. In Stegen rasteten wir erst einmal in einem vom Besitzer verlassenen Haus, aus dem uns Bratenduft entgegenschlug.

Übernachten mußten wir im Flur. Es war kalt, weil oft jemand nach draußen mußte, um seine Notdurft zu verrichten.

Dichtgedrängt, die Füße mit meiner Pelzjacke zugedeckt und die Arme um die Knie gelegt, winselten wir vor uns hin.

Unsere Lage wurde von Tag zu Tag etwas schlimmer, denn wir fühlten uns allmählich wie Vagabunden und bekamen morgens noch vorwurfsvoll von anderen zu hören, daß wir den Packwagen sehr verschmutzt hätten. Bettler waren wir ja, aber diese widerliche, sich steigernde Nörgelei, weil wir ihnen lästig waren, war oft unerträglich.

Mutter hatte für uns alle ein Zimmer ausfindig gemacht. Hier wollten wir erst einmal von den Strapazen ausruhen. Mittags erbettelte ich noch einen Rest Erbsensuppe an einer Feldküche, die uns nach Tagen der Entbehrungen besonders guttat.

Im Ort begegneten wir wieder Tolksern, von denen wir auf dem Haff getrennt wurden. Meine Mitschülerin Erika Dost kam auf uns zu und sagte, daß sie hier in Stegen auf die anderen warten und für die Nacht ein Quartier suchen wollten.

Ein Tolkser Wagen sei auch eingebrochen, aber mit sehr viel Mühe hätten sie ihn wieder freibekommen, erzählte sie. Sie wären auf dem Haff vielen aus unserem Ort begegnet, aber hätten sie in den Abendstunden wieder aus den Augen verloren. Ein kleiner Junge sei von Bordwaffen an einem Auge verwundet worden, eine junge Frau aus unserem Ort wäre mit einer Typhuserkrankung in ein Krankenhaus eingeliefert worden, und der alte Herr Grünheid sei in Lichtenfeld gestorben.

Abends kamen viele Tolkser Frauen in unser Zimmer. Sie hatten erfahren, daß wir hier übernachteten und freuten sich, daß wir die Fahrt gemeinsam fortsetzen könnten. Es war der 19.2.1945, und der vierte Geburtstag der kleinen Trautchen Reiß. Wir berichteten von dem scheußlichen Elend auf dem Haff. Die Kleine begriff gar nicht, warum alle Tränen in den Augen hatten, und fing auch an zu schluchzen.

Schon sehr früh mußten wir wieder aufbrechen. Am Nachmittag machten wir Rast in Orloff auf einem abgelegenen Grundstück, wo keine Menschenseele mehr zu finden war.

Sofort suchten wir erst einmal Holz, machten in Herd und Öfen Feuer, und die Frauen kochten und backten für alle und verteilten es. Sie gaben uns immer wieder etwas ab und meinten, wir hätten oft gehungert und sollten endlich satt werden. Vermutlich sah unsere Familie schon elend und abgemagert aus.

Noch am selben Tag wurde unsere Nachbarin krank. Wir befürchteten, sie hätte Typhus, denn auch sie hatte Haffwasser getrunken und Durchfall bekommen. Ihr Zustand war sehr bedenklich, sie hatte über Nacht graues Haar bekommen, konnte nichts essen und sah fahl und elend aus. Unsere Mutter umsorgte uns alle. In solchen Situationen pflegte sie immer zu beten und meinte dann,"Gott wird uns schon weiterhelfen, auch wenn wir jetzt alle, außer unseren Kleidern auf dem Leib, nichts mehr besitzen. Er hat doch seine Hand über uns gehalten und uns in der größten Not beschützt."

Es ist mir heute noch wie ein Wunder, daß Mutter so viel Kraft und Mut hatte, immer für uns zu sorgen und sich selbstlos aufopferte. Obwohl sie oft auch nicht mehr wußte, wie es weitergehen sollte, sie raffte sich immer wieder auf und versuchte uns aus der schlimmsten Lage heraus zu bringen, als ob sie uns beschützen oder im richtigen Moment retten müßte. Nicht nur einmal. Immer wieder in schrecklich beängstigenden Stunden faßte sie spontan einen Entschluß und sagte: "Kommt Kinder, wir müssen hier weg!"

Endlich konnten wir das erste Mal, seit wir auf der Flucht waren, unseren Körper, der schon mit Schorf und Schuppen bedeckt war, mit Seife und Wasser reinigen. Die Unterwäsche wurde ausgewaschen und über dem Ofen, der die Trockenwärme spendete, auf Leinen gehängt.

Die Marienburg an der Nogat

Am 20. Februar hörten wir wieder Kanonendonner, helle Blitze zuckten am Himmel auf. Wir ahnten, daß die Front nicht mehr weit entfernt war. Das bedeutete, alles wieder zusammenpacken, um am anderen Tag weiterzuziehen. Sehr früh waren wir schon auf den Beinen. Helmut und ich suchten in einer Scheune nach etwas Pferdefutter, doch außer Heu gab es nichts. Es war der 17. Geburtstag unserer Nachbarstochter, der 21.2.1945, und die Tolkser kamen, um ihr zu gratulieren und sogar Geschenke zu machen. Frau Reiß überreichte ihr eine schöne warme Wolldecke. Bei Kaffee und Kuchen wurden die jungen Mädchen noch recht lustig, nur die kranke Nachbarin konnte nicht mitfeiern. Die kleine Geburtstagsfeier wurde aber schon gegen 10.30 Uhr abgebrochen, denn die Zeit drängte uns, weiterzuziehen.

Die Frau des Verwalters meinte, es sei das Beste, wir verteilen unsere Sachen auf den Wagen der anderen Tolkser, denn in den Bergen schafften die Pferde ihren Wagen nicht. Ein Pferd sei ohnehin erkrankt und es solle von einer der Frauen an der Leine geführt werden. Eine heftige Auseinandersetzung zwischen dem Verwalter und den Frauen endete damit, daß es hinter einem Wagen angebunden wurde. Die Frauen waren mit abfälligen Worten bedacht worden und somit herrschte erst einmal eine gereizte Stimmung.

Der Gutsverwalter traute mir zu, die Kutsche mit den alten Damen, zu fahren. Also fuhr ich ab jetzt die Kutsche.

Die kommende Nacht verbrachten Erwin Feierabend und ich auf dem Packwagen. Wir zündeten noch eine Kerze an, spielten "17 u.4" unterhielten uns und waren - ohne die Kerze zu löschen - eingeschlafen. Als ich unsanft von Erwin geweckt wurde und Flammen sah, wollte ich vor Schreck das Feuer mit den Händen löschen. Die Kerze war heruntergebrannt, das brennende Wachs auf dem kleinen Brettchen auseinandergelaufen und klebte nun in meinen Handflächen und zwischen den Fingern.

Das hatte natürlich zur Folge, daß sich nach kurzer Zeit große Blasen bildeten. Das Brettstückchen ließen wir verschwinden und zum Glück war nichts weiter auf dem Wagen angebrannt, aber Mutter erschrak doch sehr, als sie morgens meine Hände sah. "Junge, sei still und sprich mit niemand darüber," sagte sie.

Die Handflächen schmerzten so sehr, daß ich während der Fahrt kaum die Zügel halten konnte, obwohl ich Fellhandschuhe trug. Auf die Frage, warum ich so unmutig sei, antwortete ich:"Mir tut rundum alles weh", und weil Mutter wußte, welches Leiden mich plagte, meinte sie, ich solle die Kutsche nicht mehr fahren, setzte sich auf die Bank und fuhr bis zum Abend.

Mit den Mitteln, die sie hatte, wurden jetzt erst einmal, ohne daß jemand etwas davon erfuhr, meine Hände "verarztet." Am anderen Morgen zog ich die Fellhandschuhe an und fuhr trotz einiger Schwierigkeiten wieder die Kutsche. Die Wasserblasen gingen jetzt in den Händen auf.

Junge Mädchen gingen oft hinter den Wagen her, stiegen hin und wieder auch auf und ließen die Beine baumeln. Helmut war mal hier mal dort und verbrachte den Tag mit den Tolksern der anderen Wagen.

Den 25. Februar mußten wir auf der Landstraße verbringen. Eins der jungen Mädchen hatte Geburtstag. Gegen 12.00 Uhr machten wir eine kurze Rast, fütterten die Pferde mit Rübenschnitzel, denn etwas anderes hatten wir nicht, tränkten sie und aßen jeder ein Stück Brot.

Unser Treck zog weiter. Gegen 15.30 Uhr erreichten wir den Ort Schönberg, der vollkommen von Militär und Flüchtlingswagen, die hier rasteten, verstopft war. Also machten wir auch erst einmal eine längere Pause.

"Beim Bürgermeister gibt es Verpflegungsmarken", wurde uns gesagt. Schnell waren wir dort und erhielten Fleisch - und Brotmarken, standen dann noch sehr lange beim Bäcker in der Warteschlange. Ich sah noch, wie die Regale leerer wurden. Eine Frau vor mir erhielt das letzte halbe Brot."Kommt morgen wieder, das Brot ist alle,"sagte der Bäcker.

In der Frühe stand ich wieder in der Reihe, hatte aber wieder Pech. Der Bäcker meinte, ich wäre doch schon einmal hiergewesen, andere wollen auch etwas abhaben. Ich wollte noch etwas erwidern, aber die Nachfolgenden schoben mich weiter, und ich bekam nichts mehr. Einen beleidigten Eindruck muß ich wohl gemacht haben, als ich vor Mutter stand, denn sie sagte:"Jetzt geh ich aber hin, das ist ja unerhört, lauf du zum Fleischer!" Wir hatten dann auch beide etwas bekommen.

Zum Kaffee verteilten die Frauen noch den Rest von dem selbstgebackenen Kuchen. Warum sich zwei Mädchen erbrechen mußten, wußten sie selbst nicht. "Wir haben wohl etwas Verdorbenes gegessen oder schlechtes Wasser getrunken," meinten sie.

In der Nacht schliefen wir gemeinsam mit unseren Nachbarn, sehr beengt auf dem Packwagen und waren beim Aufstehen wie gerädert. Den kommenden Tag über rasteten wir auf derselben Stelle, blieben noch von Angriffen verschont. Die Frauen machten kleine Besorgungen und ordneten den Kleinkram, den sie besaßen.

Wir jungen Burschen erforschten die Umgebung. Weil wir alles gebrauchen konnten, tauschten und schacherten wir mit jedem, der etwas los sein wollte. Wir fanden einen kleinen Blecheimer, trauten uns wieder einmal an eine Feldküche und bekamen eine duftende heiße Suppe, die für die ganze Familie reichte. Die Soldaten grinsten immer und hatten wohl für zwei blonde Jungs, wie es Helmut und ich waren, etwas übrig. Zur Nacht war es dem Verwalter gelungen, für sich und die Pferde eine Bleibe zu finden, nur die alte Baroneß mußte wieder sitzend und frierend in der Kutsche übernachten. Ihre sogenannte "Stütze", von der sie betreut wurde, konnte am späten Abend auch noch in einem Haus unterkommen.

Alle hatten sehr schlecht geschlafen, denn es war in den Häusern sehr unruhig. Das Militär forderte uns auf, am frühen Morgen weiterzuziehen. Erwin fuhr den Packwagen, war aber vor Übermüdung schlecht gelaunt und schlug ungehalten auf die Pferde ein. Unsere Fahrt sollte heute nur bis in den nächsten Ort gehen, denn die anderen Tolkser wollten dort auf einem Abbau Rast machen.

Wir kamen dem Bauern wohl ungelegen, denn er war sehr abweisend und wollte uns nicht aufnehmen, bot uns jedoch noch einen Platz in einem Stall an, wo wir die Nacht verbringen könnten. Mehrere Familien mußten auf ein anderes Gehöft und uns ließ man wieder fühlen, daß wir nur Ballast wären. Leider hatten wir nun kein Fahrzeug mehr und waren immer so viele Personen, wir könnten ja am anderen Morgen mit den anderen Tolksern mitfahren. Mutter konnte das Gestichel nicht mehr hören. Eine Frau mit vier Kindern, ohne Wagen und nichts zu essen, die waren doch nur ein Klotz am Bein. Das schmiedete uns immer mehr mit unserer Nachbarfamilie zusammen.

Die Nachbarin wurde immer mißtrauischer, glaubte schon gar nichts mehr, denn sie sagte zu Mutter:"Die fahren weg und lassen uns einfach hier, kommt wir steigen sofort auf den Packwagen", und so fuhren wir alle wieder mit. Bei dem anderen Bauern bekamen wir nach anfänglicher Ablehnung doch die Zusage, übernachten zu dürfen, und schliefen mit dem Verwalter und seiner Frau in einem größeren Zimmer.

Unsere Nachbarn übernachteten in einer kleinen unbeheizten Kammer und froren die ganze Nacht. Früh morgens kamen sie fröstelnd in unseren Raum. Bei uns war es auch nicht viel wärmer, denn wir konnten den Ofen nicht anheizen, weil die Holzvorräte aufgebraucht waren. Ich suchte in der Scheune Strohhalme zusammen, fand noch Äste und Holzstücke, und damit kochten wir erst einmal Kaffee. Für die Pferde fanden wir nicht eine Handvoll Futter. Die Leute zeigten offen ihre Abneigung gegen uns, aber ich hatte das Gefühl, sie besaßen selbst nicht so viel Reichtümer, um viel davon verschenken zu können.

Wegen der unsicheren Lage und Treckverbots durften wir nicht weiterziehen. Der Gutsverwalter war mürrisch über den mißlichen Zustand auf dem Hof und ging zur Polizei, um zu erwirken, von einem der Bauern Holz zum Heizen und Futter für die Pferde kaufen zu dürfen.

Wir Kinder erkundeten draußen alles neugierig und stellten fest, daß einer der Weichselarme ganz in der Nähe ist, liefen den kleinen Deich hoch und erschraken über die pfeifenden Geschosse, die um uns herumflogen und vor uns einschlugen, denn auf der gegenüberliegenden Seite knatterte ein Maschinengewehr. Ohne zu überlegen liefen wir, so schnell wir konnten, zurück ins Haus.

Gegen Abend erhielten wir von einem Offizier den Befehl, sofort aufzubrechen und Richtung Westen weiterzuziehen, denn der Feind rückt näher.

Gerne hätten wir noch einmal übernachtet, aber dann spannten wir doch die Pferde an, bestiegen den Wagen und bei hellem Mondschein ging es in Richtung Dirschau weiter. Die anderen Tolkser wußten leider nichts von unserem schnellen Aufbruch. Wir wollten auch so schnell wie möglich aus der Gefahrenzone über die Weichselbrücke und kamen sehr zügig voran. Die Straße war anfangs leer, doch bald trafen wir auf einen Treck, der auch auf die andere Seite der Weichsel wollte, denn in der Nacht war die Gefahr eines Fliegerangriffs nicht so groß. Die Wehrmacht achtete auf reibungslosen Ablauf der Überfahrt. Die Brücke war schon an einigen Stellen sehr beschädigt. Wir erreichten im Morgengrauen die Stadt Dirschau. Wo wir auch hinschauten, überall Flüchtlings- trecks und Wehrmacht. Ohne eine Rast fuhren wir weiter und machten erst für längere Zeit auf dem Marktplatz in dem Danziger Vorort Praust eine Pause. Unzählige Flüchtlinge hielten hier, um sich zu versorgen und die Pferde zu füttern. Der größte Teil von ihnen wollte dann weiter über Pommern in den Westen ziehen. Wenn es ein Durchkommen gäbe, würden wir das auch gern tun, fürchteten aber, daß der Feind den Kessel enger ziehen könne und für uns nur noch ein Entkommen über die Ostsee möglich sei.

Bei der Suche nach einer Feuerstelle, um etwas kochen zu können, gingen wir durch eine Allee, in der wir plötzlich wie erstarrt stehenblieben. Da waren junge deutsche Soldaten an Bäumen erhängt und mit einem Pappschild versehen, auf dem zu lesen stand:

"ICH WAR ZU FEIGE ZU KÄMPFEN"

Es waren so große, schlanke Burschen und ich hatte ein unendlich trauriges Gefühl in mir."Nun sieh dir das nur an, die hängen einfach die Jungs an Straßenbäumen auf, was ist hier eigentlich los?"fragte ich Mutter. "Komm", sagte sie, "laß uns weitergehen, wer weiß was hier noch alles geschieht." Unsere Nachbarn blieben auch entsetzt stehen und meinten:"Ist das nicht grausam?"Vier Burschen, und der Wind wehte die Schilder hin und her.

Heute hatten wir für alle Menschen eine Unterkunft gefunden, nur für die Pferde war wieder keine geeignete Unterstellmöglichkeit aufzutreiben. Der Verwalter hatte mit seiner Frau ein Zimmer in einem Wohnhaus bekommen. Wir andern sollten in einer kalten Schlachterei untergebracht werden.

Doch ein Polizist und ein Mann in brauner Uniform, der eine Hakenkreuzbinde um den Arm trug, forderten uns auf, so schnell als möglich diesen Ort zu verlassen. Darum brachen wir auf und erreichten in der Abenddämmerung den Vorort Danzig-Ohra Eine größere freie Rasenfläche, über die der Wind pfiff, war unser Rastplatz. Mutter machte sich Sorgen, wir müßten nachts im Wagen sitzen und wären am anderen Morgen völlig kaputt!

Weiter im Ort fand sie bei einer Gärtnerfamilie namens Nebe Unterkunft für uns. Überraschend herzlich wurden wir etwas später in dem Eßzimmer der Familie mit Stampfkartoffeln und einer großen Schüssel Blaubeersuppe bewirtet. Für die Kleinen hatten Nebe´s noch Vanillepudding gekocht. Die Wärme in dem Raum tat allen gut und weckte ein Gefühl der Geborgenheit in uns.

Auf Mutter´s Frage, wo wir zur Nacht schlafen könnten, sagte Frau Nebe:"Machen sie es sich hier im Eßzimmer so bequem wie möglich, eine Couch steht schon im Raum, und eine andere stellen wir noch daneben, dann wird es wohl gehen. Meine kleine Schwester Gretel schlief in einem Kinderbett und Gertrud durfte bei Frau Nebe´s Mutter im Zimmer übernachten. Unsere Nachbarn wurden noch mit Oberbetten versorgt, schliefen auf dem Fußboden und am Morgen waren wir endlich einmal wieder nach einem erholsamen Schlaf richtig ausgeruht. Unser Aufbruch sollte schon in der Frühe sein, aber Nebe´s schafften noch in einem Schuppen Platz für die Pferde. Wir beschlossen, uns hier von den großen Strapazen zu erholen und blieben bis zum Morgen des kommenden Tages bei der freundlichen Familie.

Unsere Verpflegung beschafften wir uns von der N.S.V.- Küche, holten morgens und abends für jeden 2 Schnitten Brot und mittags eine warme Suppe. Eine gründliche Körperreinigung, die von Nöten war, durften wir in Nebe´s Waschküche vornehmen. Mit vielen Dankesworten nahmen wir Abschied von den netten Leuten, wünschten ihnen, daß sie zu Hause bleiben dürften und nicht auch wie arme Bettler herumziehen müßten.

Der Weg führte uns nun über Karthaus durch die Kaschubische Schweiz Richtung Westen. In Karthaus meinte der Verwalter: "Wir müssen hier unbedingt Futter für die Pferde beschaffen, die armen Tiere sind schon sehr abgemagert!" Wir fanden zwar etwas Haferstroh, aber der Treck zog weiter, und wir mußten auch mit.

Irgendwo gab es Brot und Grützsuppe. Um davon etwas abzubekommen, stellten sich die Frauen in die Schlange. Wir fuhren weiter, doch bald waren sie wieder hinter uns und winkten.

Es war immer eine Bürde, am späten Abend für uns alle eine Unterkunft zu suchen. Unser Häufchen bestand schließlich aus 2 Wagen, einer Kutsche, 8 Pferden und 15 "hohläugigen Vagabunden."

Deshalb wurden wir auch oft abgewiesen. Auf dem Hof einer Gastwirtschaft glaubten wir, rasten zu können. Der Wirt hatte weder für uns noch für die Pferde eine Unterkunft.

Wir fuhren weiter und fanden dann eine Übernachtungsmöglichkeit in einem Klassenraum im Schulgebäude.

Der überwiegende Teil der Bevölkerung sprach hier polnisch. Die Verständigung untereinander war nicht das Problem, aber ihr Stolz verbot es den Kaschuben wohl, den Ostpreußen etwas zu verkaufen. Angeboten bekamen wir erst recht nichts. Selbst nach einigem Betteln wurden wir abgewiesen.

In aller Frühe mußten der Verwalter, Erwin und ich aufstehen. Die Pferde sollten in einer Schmiede beschlagen werden. Als ich zurückkam, stieg unsere Oma aus der Kutsche und wollte mit aller Gewalt in den Packwagen klettern. Die Baroneß ginge so garstig mit ihr um, sagte sie.

Während die Frauen noch darüber diskutierten, daß es viel zu eng auf dem Wagen sei, kam die Frau des Verwalters von der Kutsche her und fluchte laut. "Das ist doch wohl eine Selbstverständlichkeit, für Frau Elias wird Platz auf dem Wagen gemacht, dann gehen eben ein paar zu Fuß hinterher. Die Pferde sind sowieso schon so schwach und an den Bergen können auch mal einige nachschieben!" sagte sie aufgeregt in barschem Ton. Unter den Frauen herrschte eine gereizte Stimmung.

Mit leerem Magen den ganzen Tag zu Fuß laufen, da blieb man doch irgendwann auf der Strecke liegen. Es war schon ein Kampf ums tägliche Überleben, alle waren nervös und geschwächt, beruhigten sich aber doch und nahmen wieder Rücksicht aufeinander.

Auf jeden Fall wollten wir zusammenbleiben und wenn es noch so schlimm kommen sollte.

Um einmal rechtzeitig ein Quartier zu bekommen, weil abends schon immer alles belegt war, versuchten wir, uns am Nachmittag auf einem zerfahrenen Weg einem großen Hof zu nähern. Die Frauen schoben mit vereinten Kräften und halfen, so gut es ging, bis uns der Bauer mit abwehrender Haltung entgegenkam und uns von seinem Hof wies. Dann versuchten wir es bei einem anderen, doch der konnte uns nicht alle unterbringen.

Eine junge Frau, die uns beobachtet hatte, kam von einem der anderen Höfe, war sehr freundlich und bat uns mit ihr zu kommen. So gingen wir mit ihr in ein kleines Haus mit zwei Zimmern und einer Küche. Sie sprach sehr gut deutsch, und die beiden alten Leute die hier wohnten, stellte sie als ihre Eltern vor. Wir sollten doch erst einmal an den warmen Ofen gehen und sie würde uns ein heißes Getränk machen. Zum Abendessen wollten sie uns eine Milchsuppe kochen. "Oh," sagten Gretel und Gertrud, "heiße Milchsuppe. Wann gibt es die Milchsuppe?"

Plötzlich standen der Verwalter und seine Frau im Flur, sie hatten gehört, daß wir hier so eine schöne Unterkunft gefunden hätten. Die Räume auf dem anderen Hof wären sehr überfüllt, nur die Pferde hätten sie noch im Stall unterbringen können.

Sie fanden hier auch Unterkunft. Zusammen mit den alten Leuten stellten wir noch ein Bett ins Zimmer, worin die Baroness schlafen sollte. Wir holten Stroh aus der Scheune, legten den ganzen Fußboden damit aus, und schliefen nebeneinander ein. Ich stand schon sehr früh auf, um die Pferde zu füttern und anschließend rafften Helmut und ich das Stroh im Zimmer zusammen, um es wieder in die Scheune zu bringen.

Draußen peitschte uns Schneeregen ins Gesicht. Gleich nach dem Frühstück spannten wir an, wünschten der jungen Frau und ihren Eltern, daß sie vom Krieg verschont bleiben mögen, bedankten uns und zogen bei dem "Sauwetter" durch den Matsch weiter. Vermutlich wußte der Gutsverwalter immer wohin er wollte, doch ich war ahnungslos und fragte auch nicht danach. Es war mir egal, "nur weg von der Front", dachte ich. Vor einer Verschleppung nach Rußland hatte ich panische Angst.

Ich mußte wieder einmal die Kutsche der Baroness fahren, war nach kurzer Zeit auf dem Kutschbock durchnäßt und fing an zu frieren. Beim Absteigen hatte ich unterhalb der Knie kein Gefühl in den Beinen und aus den Handschuhen spritzte das Wasser. Mit bloßen Händen konnte ich die Lederleinen nicht lange halten, der feuchtkalte Wind drang wie ein Messer in die Haut.

Am 1. März fuhren wir schon nachmittags auf das Grundstück eines Müllers. Ein Flüchtlingswagen aus Gerdauen rastete hier schon. Die Leute hatten ein Baby und erweckten bei dem Müller wohl ein gewisses Mitgefühl, worauf er ihnen ein Zimmer angeboten hatte. Irgend etwas muß sich in ihm geregt haben, denn nach anfänglicher Abweisung wurde der Mann doch einsichtig und erlaubte uns, in seinen Räumen für eine Nacht zu bleiben. Letztendlich waren wir 33 Personen in zwei Zimmern und lagen eng nebeneinander. Beschwerlich und lästig war es, wenn jemand über ein paar Leute hinwegsteigen mußte, um nach draußen zu gelangen. Sorgen machte uns unsere Nachbarin. Sie sah sehr schmal aus, hatte eine gelbe Hautfarbe bekommen, und wir befürchteten Schlimmes. Mutter, Oma und uns Kindern ging es, bis auf Blasenerkältungen, ganz gut.

Von Soldaten erfuhr ich, daß der Feind bei Stolp durchgestoßen sei und wir somit in einem Kessel saßen. Der Weg nach Westen war abgeriegelt und keiner wußte eine Möglichkeit, hier herauszukommen, es gab wohl kein Entkommen mehr.

Jetzt wurde selbst der Müller freundlicher zu uns, auch er hatte die aussichtslose Lage erkannt.

Draußen wurde das Dröhnen und Kampfgetöse zunehmend lauter. Über das Gehöft zog sehr viel Militär. Das beengte Zusammenleben und die Ungewißheit, ob wir überhaupt jemals hier herauskommen, schafften eine sehr gereizte Stimmung unter den Frauen.

Zu allem Übel wurden noch einige von Durchfall und Erbrechen heimgesucht. Es fing an, chaotisch zu werden. Jeder mußte urplötzlich seine Notdurft erledigen, und weil der Folgende zu lange warten mußte, gab es einen unbeschreiblichen Ärger. Eine Frau besorgte für ihren Sohn, den es sehr schlimm erwischt hatte, einen Eimer, doch niemand wollte ihn entleeren, denn er war bei Tagesanbruch randvoll.

Die Frau des Verwalters spielte mit dem phantastischen Gedanken, ihrem Sohn, der Kapitän bei der Marine in Hamburg war, ein Telegramm zu schicken, er könne sie ja aus Gotenhafen mit dem Schiff abholen. Wir waren aber eingekesselt und es ging weder Post noch ein Telegramm. Unsere Nachbarn schrieben an Verwandte nach Recklinghausen und warfen den Brief einfach in einen Postkasten. Doch in dem Inferno ist wohl alles verlorengegangen. Die Front rückte näher und das Maschinengewehrfeuer war schon bedrohlich laut. Ununterbrochener Kanonendonner und heulende Geschosse ängstigten uns. Die Straße wurde Tag und Nacht in beiden Richtungen von Militär befahren. Auf das Mühlengrundstück kamen Militärfahrzeuge, rasteten für kurze Zeit und zogen wieder weiter.

Der Müller war ganz verzweifelt, immer wenn sie abrückten, nahmen sie mit, was sie gebrauchen konnten. Erst seine Wagen, dann die Pferdegeschirre und zuletzt noch die Pferde. Er hatte bald nichts mehr, es wurde einfach beschlagnahmt.

Ein Soldat war Uhrmacher und reparierte einige Uhren. Meine Uhr war stehengeblieben, weil sie voll Haffwasser gelaufen war. Seine Antwort hieß, ich solle einen Stein und einen großen Hammer holen, worauf wir beide lachten, und er weiterging. Von einem der vielen Vorbeiziehenden erhielten wir den Rat, nach Gotenhafen zu fahren, dort lägen Schiffe, die Flüchtlinge in den Westen bringen würden, aber der Gutsverwalter meinte, wir kämen nicht auf die Straße, geschweige denn nach Gotenhafen, der Kessel würde auch immer enger.

Unserer Nachbarin und den Durchfallerkrankten ging es etwas besser. Ein Stabsarzt hatte ihnen Tabletten verabreicht. Ab dieser Zeit erholte sie sich sehr schnell und bekam eine andere Gesichtsfarbe.

Am späten Nachmittag sprach der Verwalter mit uns über die mißliche Lage und meinte: "Wir wollen morgen in aller Frühe aufbrechen und heute noch mal die Pferde versorgen." Soldaten drängten uns, lieber heute als morgen abzufahren, doch wir zögerten alles noch heraus. In die Nacht hinauszufahren, war uns zu ungewiß.

Panzer fuhren über die Felder, Infanteriesoldaten kamen in Scharen und wir erhielten von ihnen den Rat:" Seht zu, daß ihr wegkommt, in wenigen Stunden ist hier der Russe!"Einige brauten im Haus aus irgend einem Zeug ein Gesöff, und sie betranken sich alle.

Als wir morgens in die Küche kamen, sah es wüst aus. Das Geschirr war zerbrochen, die Stühle kaputt, sogar Schranktüren waren herausgebrochen, und die Speisekammer war fast völlig ausgeräumt.

Als das die Müllerstochter sah, fing sie an zu weinen und meinte, schlimmer könnten die Russen wohl auch nicht sein.

Ein Soldat machte uns das Angebot, wenn wir in wenigen Minuten fertig wären, nähme er uns mit nach Gotenhafen. Hätten wir es nur getan! Aber wir waren eben aufgestanden und weil der Verwalter auch fahren wollte, konnten wir uns nicht so schnell entschließen. Seine Frau hatte die Karten gelegt und die besagten nichts Gutes. Mit unseren paar Sachen in den Händen liefen wir noch unentschlossen herum. Sollten wir nun den Versuch machen, so schnell wie möglich wieder von der Front wegzukommen? Angstvoll schauten wir in die verstörten und nach Rat suchenden Gesichter der anderen. In solch einem Inferno denkt man: "hoffentlich geht jetzt wieder alles gut", und dann tut man Dinge, die völlig sinnlos sind.

ZWISCHEN DEN FRONTEN.

Es war Sonntag, der 11. März. Wir hatten uns schon alle auf dem Hof versammelt, als immer mehr Soldaten mit ihren Fahrzeugen über die Felder und über den Hof hasteten. Einige ließen die Fahrzeuge stehen und liefen zu Fuß weiter. Wir lagen unter furchtbarem Beschuß, die Kugeln pfiffen und summten um und über uns. Es herrschte ein panikartiger Zustand. Die Soldaten riefen:"Bleibt wo ihr seid, ein Entrinnen ist nicht mehr möglich!"

Nun wußten wir nicht mehr, was wir machen sollten. Mutter rief nur noch:"Lauft nicht weg, wir müssen alle zusammen bleiben." Großmutter stand auch ganz verstört bei uns. Die Nachbarstochter weinte und bettelte bei ihrer Mutter, doch hier schnell wegzulaufen, und die Frau des Verwalters rief:"Schnell zur Straße, retten Sie ihre Kinder." Erwin, der Kutscher, war unschlüssig, weinte und wußte nicht, ob er mitkommen oder bleiben sollte. Es dröhnte ununterbrochen von den Granateinschlägen.

Da entschlossen wir uns, mit unserer Nachbarfamilie sofort zu fliehen. Ängstlich, aber von irgend etwas angetrieben, liefen wir in Richtung Straße. Alles schrie durcheinander, denn Geschosse schlugen um uns ein, es war ein richtiges Trommelfeuer. Durch Granatlöcher und Gräben stolperten wir bis zur Straße. Flüchtende spannten ihre Pferde aus, setzten sich mit ihren Kindern drauf und ritten schnell aus der Schußlinie. Mutter hatte Gretel auf dem Arm. Helmut und ich faßten Großmutter an, und wir liefen so schnell es ging. Viele wurden von Kugeln getroffen und überall lagen Tote und Verletzte. Wir kamen aber mit heiler Haut davon. Neben einer verwundeten Mutter knieten ihre Kinder und weinten. Eine Mutter schrie auf, denn eine Kugel hatte ihr Kind getroffen, es war sofort tot. Auf der Straße feuerte uns ein Soldat an, schnell auf ein Militärfahrzeug zu steigen. Die Nachbarn und wir Kinder waren auch gleich oben, nur Mutter und unsere Oma liefen noch hinterher.

Mutter hielt sich an der Wagenklappe fest und schaute nach hinten. Sie wollte Oma nicht verlieren und rief immer:"Oma muß doch mit, wo ist die denn nun geblieben?" Das Auto fuhr immer schneller und unsere Nachbarin schrie:"Nun aber schnell rauf auf's Auto" und wir faßten Mutter an und zogen sie zu uns auf das Fahrzeug.

Mutter starrte nur nach hinten und erblickte Oma auf einem Pferdewagen. Ein Soldat hatte sie mitgenommen. Wenn die Kolonne stoppte oder langsam fuhr, sprang ich ab und lief ein Stück zurück, um zu sehen, ob ich Oma noch finde. Sehr weit hinten habe ich sie noch einmal sehen können.

Die Fahrzeuge fuhren sehr schnell weiter. Um nicht den Anschluß zu verlieren, bin ich auf den Trittbrettern der anderen Fahrzeuge mitgefahren, und wenn ein Stau entstand, lief ich, so schnell ich konnte, nach vorn, bis ich "unser" Fahrzeug erreichte. Mutter weinte, sie dachte, ich wäre nun auch noch verlorengegangen. Sie war sehr traurig, hatte solche Angst um uns Kinder, und nun auch das noch. Sie litt sehr und hätte es gerne selbst nochmal versucht. - Oma haben wir nie mehr wiedergesehen.-

Auf den Feldern brannten Autos und Panzer. Am Wegrand lagen tote Menschen und Tiere. Geschosse heulten und schlugen überall ein. Die Straße lag unter Beschuß. Aus einem nahegelegenen Wald kamen Russen und feuerten ununterbrochen. Unsere Infanterie griff an. Vor ihr her fuhren Panzer in Richtung Wald. Es war ein Heulen und Gedröhne, wie wir es noch nicht erlebt hatten. Wir waren mitten im Kampfgebiet!

Zwei Soldaten, die unsere Angst spürten, beruhigten uns."Wir haben Munition nach vorn gebracht und fahren zurück zur Einheit, raus aus der Kampflinie, wir werden es schon schaffen."

Wegen großer Benzinknappheit wurden während des Krieges größere Kraftfahrzeuge auf Holzgasbetrieb umgerüstet. Sie hatten hinter dem Führerhaus einen Kessel zur Holzbefeuerung installiert. Der mußte natürlich nach einer gewissen Fahrstrecke nachgeheizt werden, um mit der erforderlichen Gasmenge die Fahrt fortsetzen zu können. Diesen Vorgang erledigten die Kraftfahrer nicht auf der Straße oder Rollbahn, sie machten Platz für die anderen Fahrzeuge, die sich an uns vorbei drängten. "Unser" Fahrer lenkte den LKW kurzerhand auf einen Acker, um ein gutes Stück zügig voranzukommen.

Von einer größeren Anhöhe erblickten wir noch einmal das Mühlengrundstück, von dem die kleineren Nebengebäude in hellen Flammen standen. Der Russe feuerte ununterbrochen aus der Nähe, und die glühenden Geschosse schlugen genau in den Ortschaften ein. Wo wir auch hinschauten, es brannte überall.

"Unser" Fahrer jagte das Fahrzeug über das Feld, um nicht steckenzubleiben. Der Regen hatte viele Stellen aufgeweicht. Zäune wurden einfach umgefahren, oft flogen wir von einer Seite zur anderen und fürchteten, das Fahrzeug würde umkippen. Wir lagen immer unter Beschuß, fuhren an brennenden Panzern und Autos vorbei, die dem Russen nicht verwendungstauglich in die Hände fallen durften. Weil ihr Tank leer war, wurden sie mit Benzin übergossen und brannten aus. Ein gutes Stück fuhren wir noch auf der Straße. bis die Kolonne still stand, bogen wieder auf's Feld und schaukelten rasselnd aus einem Loch ins andere. Irgendwann gab es einen krachenden Ruck, unsere Fahrt war zu Ende.

Der Fahrer stand an der Heckklappe und sagte:"Die Karre ist kaputt, steigt alle aus, ihr müßt zu Fuß weitergehen!" Mit einem kleinen Kanister Benzin wurde das Auto überschüttet, angezündet und sofort stand es in hellen Flammen. Wir bekamen einen furchtbaren Schreck. Ein Landser, der uns aus dem Chaos heraushelfen wollte, forderte uns auf, so schnell wie möglich mit ihm aus dem Schußfeld zu laufen. Er kannte diese Gegend genau. Wir waren auch gleich dazu bereit, aber er ging sehr schnell, und Mutter mußte unsere Gretel auf dem Arm tragen. Später trug sie die Kleine noch lange auf dem Rücken. Wir hatten jeder ein kleines Bündel in der Hand und liefen hinterher.

Ängstlich näherten wir uns einem Wald, in dem ununterbrochen mit Maschinengewehren geschossen wurde. Die Waldwege waren noch verschneit und am Wegrand lagen dicke Baumstämme. Vorbeifahrende schwere Fahrzeuge zwangen uns immer wieder, über die Baumstämme zu laufen. Es war alles sehr beschwerlich. Mutter konnte unser Gretchen nicht mehr tragen. Der Soldat machte den Vorschlag, die Kinder müßten mit einem Auto mitfahren. "Nein", sagte Mutter,"dann gehen wir lieber alle zu Fuß weiter". Uns war bekannt, daß dadurch Familien getrennt wurden. Viele Mütter sind durch solche Schicksale völlig zusammengebrochen.

Der Weg durch den Wald nahm kein Ende. Mutter konnte die kleine Gretel nicht mehr tragen, und Gretel wollte nicht mehr laufen. Sie stand da und heulte laut. Der Soldat hob sie auf seinen Arm und trug sie ein gutes Stück. Gertrud schaffte es noch, wir hatten sie an der Hand und stolperten weiter.

Der Soldat erkannte bald unsere Müdigkeit und bemühte sich, zwei zusammengehörende Fahrzeuge zu finden, die dann genügend Platz für uns alle schafften. Mit der Gewißheit, uns nicht verlieren zu können, stiegen unsere Nachbarn auf das eine und wir auf das andere Fahrzeug. Es war eng aber warm, denn in einem eisernen Ofen brannte ein Feuer. Neben uns saß noch eine Familie, die in

Bartenstein beheimatet war.

Wir waren vor Übermüdung etwas eingedöst, da stoppte die Kolonne. Die Soldaten mußten alarmbereit sein. Das MG-Feuer war ganz in der Nähe. Auch unser Fahrzeug bekam einen Einschuß. Unsere Soldaten leisteten Widerstand und schlugen den Feind ein Stück zurück, so daß die Rollbahn wieder frei war, und wir nicht mehr unter Beschuß lagen.

In schneller Fahrt gelangten wir bis kurz vor eine Ortschaft, wo die Kolonne wieder stoppte. Zwei Soldaten nützten die Zeit, um mit leeren Benzinkanistern in den Ort zu laufen. Sie kamen auch bald mit Brennstoff zurück.

Im Straßengraben lagen weggeworfene Sachen, die den Flüchtenden nur noch eine Last gewesen waren. Betten, Kisten und Koffer, sogar Radios und eine Nähmaschine waren in dieser aussichtslosen Lage überflüssige Gegenstände.

Am Vormittag wurden in dem Ort Rameln alle Autos aufgetankt und Flackgeschütze in Stellung gebracht. Unser Aufenthalt könnte bis zum Abend dauern, wurde uns gesagt. Wir lagen 12 Kilometer vor Gotenhafen und suchten Schutz in einem Haus. Ein Unteroffizier versprach, uns zu informieren, wenn es weiterginge. Er holte uns sogar von der Feldküche eine Erbsensuppe, die wir gierig löffelten.

"Bis jetzt ist es hier noch ruhig gewesen", erzählten die Bewohner, "aber nun stehen die deutschen Geschütze auf dem Berg und feuern in den Wald." Wir standen im Hauseingang und beobachteten den Einsatz der Soldaten. Ich durfte bei einem Unteroffizier durch das Fernglas sehen. Schwerer Geschützdonner ließ die Häuser zittern. Um 13.00 Uhr wollten die Soldaten abrücken, wir sollten auf die Fahrzeuge steigen. Als wir dann aber im Auto saßen, wurde das Dorf vom Feind mit starkem Trommelfeuer belegt.

Nach kurzer Strecke stoppten die Fahrzeuge. Wir sollten im Auto bleiben und warten. Als nahe bei uns Granaten einschlugen, liefen wir in ein Haus und wurden gleich in einen Keller geführt. Die Leute beruhigten uns. "Hier schlagen die Granaten nicht durch", meinten sie. Kurz darauf öffnete ein Soldat die Tür und rief: "Es geht wieder weiter!" Unter starkem Beschuß liefen wir zum Auto. Beim Aufsteigen schlugen mehrere Granaten neben uns ein. Vor Angst liefen wir noch einmal in den Keller. Der Vorgang wiederholte sich noch einmal, und die Hölle brach los. Es dröhnte und bebte, wie bei einem Weltuntergang. Der Russe schoß mit der "Stalinorgel", und die Granaten schlugen rund um uns ein. Eigenartiger Weise schrie nicht einer von uns, wir stumpften wohl langsam ab.

Verwundete wurden in den Keller gebracht. Einem Soldaten waren beide Beine abgerissen worden. Der arme Mensch stöhnte laut und zitterte vor Schmerzen.

Andere hatte es am Körper getroffen. Sie waren kreidebleich. Im ersten Moment dachten wir, sie seien tot.

Für eine Viertelstunde wurde es draußen still. Wir glaubten, es sei alles vorbei. Kurz danach knallte und dröhnte es, daß der ganze Keller schaukelte. Ich hatte das Gefühl, der Fußboden hob sich unter meinen Füßen. Eine richtige Schlacht mit Panzern, Flugzeugen und schweren Geschützen war entbrannt. Wir hofften, es würde nicht alles einstürzen. Vom Wald her griff der Russe an, und davon bekamen wir einen Teil ab. Die Soldaten unterhielten sich über Schüsse und Einschläge. Viele Häuser im Ort standen in Flammen. Auch ein in der Nähe stehendes größeres Gasthaus brannte, aus dem die Leute alles Brauchbare heraustrugen.

Später stieg jemand zu uns ins Auto, der dort auch etwas geholt hatte und unter uns verteilte. Die Soldaten hatten sich mit Kakao eingedeckt und verschenkten einen Teil davon. Bis zum Abend ging die Fahrt langsam weiter. Wir waren froh, aus dem Beschuß zu sein. Maschinengewehrfeuer hörten wir immer wieder.

In der Luft war plötzlich ein seltsames Brausen und Summen zu hören. Die Soldaten strahlten und sagten:"Jetzt schießt unsere Schiffsartillerie mit ihren großen Brocken aus Gotenhafen herüber. Die treiben den Russen wieder zurück." Durch's Radio kam eine Sondermeldung über eine neue Waffe, die im Westen eingesetzt würde. "Die Rheinstädte, aber auch Breslau, sind wieder befreit", so hörten wir es.

Ein Hoffnungsschimmer, der die Soldaten fröhlich stimmte. Sie meinten:"Endlich kommen sie damit, aber reichlich spät." Einer von ihnen spielte Gitarre, und sie sangen Heimatlieder dazu. Ein wenig in Stimmung, lachend und singend, so brachten sie uns bis Gotenhafen, wo unsere Fahrt endete, und wir die Autos verlassen mußten. Wir verabschiedeten und bedankten uns bei ihnen."Viel Glück, alles Gute und vielleicht sehen wir uns ja in Ostpreußen noch einmal wieder."

Flüchtlinge zogen an uns vorbei. Wir zogen mit ihnen, bis wir in ein großes Gebäude kamen, wo wir einen Luftschutzkeller aufsuchen mußten. Einwohner aus Gotenhafen und Flüchtlinge verbrachten hier die Nacht, um nicht im Bombenhagel umzukommen. Spät abends heulten die Sirenen, es war Fliegeralarm und dazu noch Beschuß von der Artillerie. Somit blieben wir erst einmal hier unten und übernachteten auf dem kalten Zementfußboden.

Am Tag darauf suchten wir ein Quartier, wurden leider immer weitergeschickt. Mutter weinte, "Kinder, Kinder, was wird nur aus uns werden?" Da faßte ein Soldat an ihre Schulter und sagte:"Liebe Frau, weinen sie nicht, lange dauert es nicht mehr, dann hat dieses Elend ein Ende." Hunger hatten wir und wollten irgend etwas essen, es gab aber nichts. Wir sollten vom Bahnhof aus nach Danzig fahren. Warum eigentlich? Dort waren wir doch vor einiger Zeit schon einmal! Ob wir vom Hafen mit einem Schiff wegkönnten, wußte niemand zu sagen. Also suchten wir den Weg zum Bahnhof.

In der Bahnhofshalle saßen Flüchtlinge auf ihrem Gepäck. Hinter dem Schalterfenster war niemand. Ob ein Zug fahren würde, war nicht zu erkennen.

Da standen wir nun, starrten zum Schalter, und unerwartet bewegte sich dort jemand. Er rief uns zu:"Es fährt noch ein Zug nach Danzig." Die Leute stürzten nach vorne, aber wir liefen gleich durch die Sperre und fanden noch Sitzplätze in einem Abteil. Kaum saßen wir, da gingen die Sirenen, wir liefen aus dem Zug unter einen Tunnel. Der Hafen wurde sehr schwer bombardiert, der Bahnhof blieb verschont.

Nach der Entwarnung stiegen wir wieder in den Zug und warteten, bis er sich in Bewegung setzte. Mitreisende aus Danzig erzählten uns, daß die Stadt zum Teil eingekesselt sei und laufend von Flugzeugen und Artillerie angegriffen würde. Langsam bewegte sich der Zug. Im Vorbeifahren sahen wir Landser in Erdlöchern stehen, die uns mit ernster Miene nachschauten. Sollten wir denn gar nicht mehr von der Front wegkommen? Ist hier auch bald Kampfgebiet und alles zerstört?, dachten wir.

Am Hauptbahnhof in Danzig angekommen fragten wir einen

Bediensteten, ob es in der Stadt ein Flüchtlingsheim gäbe. Er hatte davon noch nie etwas gehört und schickte uns weiter in die Stadt. An einem Fenster stand auf einem Schild: "Gaststätte für Flüchtlinge." Sofort gingen wir hinein, mußten aber feststellen, daß hier wegen Überfüllung kein Platz mehr für uns war. Die Leute saßen Tag und Nacht auf den Stühlen, schliefen auch so, wurden verpflegt und bezahlten für alles. Die Luft war hier zum Umfallen. Wir aßen im Stehen das "Stammessen". Es gab Kartoffelsuppe und ein Glas Saft. Wir fragten die Wirtsleute, ob es irgendwo ein Quartier gäbe.

Nachdem das Essen bezahlt war, brachten uns zwei junge Burschen zum "UFA-PALAST", einem großen Kinosaal. Dort saßen wir bei Notbeleuchtung Tage und Nächte in den engen Stühlen. Abwechselnd wurde stundenlang nach Kaffee oder einem anderen Getränk angestanden. Wenn wir Glück hatten, gab es noch eine Schnitte Brot mit Margarine, aber meistens reichte es nicht für alle. Andere Leute, die sogenannte "Urlauberkarten" besaßen, konnten in der Stadt noch etwas dazukaufen. Täglich um 16 Uhr und noch einmal um 18 Uhr wurde eine Grützsuppe mit Kartoffelschnitzel ausgegeben. Man konnte sie kaum riechen, geschweige denn essen. Für Kleinkinder gab es eine Grießsuppe. Die Überfüllung des Raumes erzeugte oft Panik unter den Menschen. Alle wollten dann unbedingt ins Freie. Auf den Straßen bewegten wir uns wegen des Beschusses ungern und waren schon ganz verzagt, denn das Leben hier konnte kein Dauerzustand sein. Bei Fliegeralarm liefen wir mit unserer Habe in einen Luftschutzbunker und bei Entwarnung wieder zurück in den Kinosaal. Wir waren froh, wenn die Plätze noch frei waren.

Dort dösten wir vor uns hin, konnten kaum mehr sitzen, weil uns davon alles weh tat. Wegen des diffusen Lichtes, wußten wir nicht, ob es Tag oder Nacht war. Am Ausgang sahen wir nach, ob die Sonne noch scheint.

Unsere Unterkunft in dem Kinoraum war bestenfalls eine Notlösung für kurze Zeit. Es schien mir auch zu gefährlich bei dem Beschuß und den Bombenangriffen. Bei Gesprächen über unsere Lage erwähnte unsere Nachbarin den Namen des Bruders einer Bekannten aus Tolks, der hier in Danzig lebte.

Im Adreßbuch auf der Post fanden wir seinen Namen. Karl Siebrand. Er wohnte in der Breitgasse 84. Sogleich suchten wir ihn in seiner Wohnung auf. Über seine Schwester wußte er zu berichten, daß sie mit ihrer Tochter schon im Reich sei. Sie war von Pillau nach Swinemünde verschifft und nach Sachsen evakuiert worden. Wir erzählten ihm wie unsere Flucht bis jetzt verlaufen sei, und er berichtete über das Geschehen hier in Danzig. Nach der Verabschiedung begaben wir uns wieder in den "UFA-Palast" und hielten Rat. Mutter und die Nachbarin gingen am anderen Tag noch einmal zu dem Herrn in der Breitgasse und baten ihn um Unterkunft für uns alle. Ein Zimmer hatte er vermietet, aber weil die Leute schon im Westen seien und dadurch das Zimmer unbewohnt wäre, würde es für drei Personen gehen, meinte er. "Wir sind aber 8 Leute und könnten auch zusammenrücken. Die Tolkser sind schon alle getrennt worden und wir wollten gern zusammenbleiben, wenn es ihm recht wäre", sagten die Frauen.

Nun durften wir alle bei ihm einziehen und waren richtig glücklich. Helmut und ich schliefen auf dem Fußboden. Alle anderen konnten in Betten und auf einer großen Couch übernachten.

Herr Siebrand brachte uns sogar noch ein paar Oberbetten, und langsam verflog unsere Niedergeschlagenheit. In einem Küchenschrank müßten einige brauchbare Lebensmittel und im Keller noch Kartoffeln sein, meinte er, damit könnten wir uns auf dem Gasherd etwas zu essen machen.

Lebensmittelkarten bekämen wir im Ortsgruppenbüro, erklärte er uns, und wir erhielten die besagten Karten. Die Frauen kauften auch gleich ein und kochten einen großen Topf Gemüsesuppe. Wir aßen, als ob es nie wieder etwas gäbe. Gelegentlich wurde uns ein Strich durch den Kochplan gemacht, es war einfach Strom- oder Gassperre.

Auf dem Klavier, das in dem Raum stand, spielte ich ab und zu ein paar Heimatlieder. Alle sangen mit. Es gefiel uns immer besser in der Großstadt. Abgesehen vom Beschuß und den Fliegerangriffen, lebten wir wieder wie Menschen, konnten uns richtig säubern, und es war warm.

Sonntags machten wir einen Spaziergang durch das Krantor zur Mottlau, wo noch reger Schiffsverkehr herrschte. Wir gingen weiter, Richtung Lange-Brücke und wurden von Fliegeralarm überrascht. Sirenen heulten, wir mußten in einen Keller. Zum Glück war bald Entwarnung und wir konnten wieder auf die Straße gehen. Den Spaziergang beendeten wir und gingen in unsere Wohnung. Ständig mußte man mit Tieffliegern rechnen.

Ohne Vorwarnung waren sie da und griffen an. Morgens sprangen wir oftmals aus den Betten, weil überall Bomben fielen. Wir entkleideten uns zur Nacht nicht mehr, denn wenn wir in den Keller mußten fanden wir im Dunkeln nicht so schnell unsere Kleider. Am 22. März wurde abends von 19-21 Uhr die Altstadt bombardiert. Wir waren mittendrin. Richtige Bombenteppiche fielen vom Himmel. Der Keller wackelte, alles knackte und knisterte. Die Menschen waren verängstigt und fingen an zu schreien.

Als der Angriff zu Ende war, schauten wir uns erst einmal die zerbombten und zusammengefallenen Häuser an und meinten: "Da ist wohl keiner mehr herausgekommen." In der Langgasse stand nur noch die Post, alles andere lag in Schutt und Asche. Wir ahnten Schlimmes. Unsere Nachbarn schickten Briefe an ihre Verwandten im Rheinland. Sie sollten wissen wo wir umgekommen sind. Die Geschäfte verkauften schon Waren ohne Bezugschein. Wir hatten noch Scheine von der Ortsgruppe für Unterwäsche und standen auch in der Warteschlange. Weil wir nichts besaßen, konnten wir alles gebrauchen, bekamen aber nur noch Strümpfe. Lederschuhe hätten wir gerne gehabt, aber die sind dann wohl alle verbrannt.

Über zwei Wochen lebten wir nun in Danzig. Fliegerangriffe mit Bordwaffen waren immer häufiger. Man lief bei kleineren Angriffen nicht einmal mehr in den Keller. Die Geschosse schlugen mit einem furchtbar klappernden Geräusch durch Fenster und Dächer. Auch daran hatten wir uns gewöhnt! Man legte sich an eine Wand und wartete, bis die Flugzeuge weg waren.

Wir überlegten was wohl sei, wenn unsere Straße in Schutt und Asche gelegt wird. Das geschah schon am Abend. Es kamen Bomber, und jetzt wurde auch die Breitgasse schwer getroffen.

Brandbomben schlugen auch ins Hinterhaus 84 ein. Die Dachstühle der drei Häuser 83, 84, und 85 brannten. Wir befanden uns in einem Luftschutzkeller auf der anderen Straßenseite. Vom Luftdruck wackelte alles, die Häuser schaukelten. Angstvoll schauten sich die Leute an und fürchteten: "Es dauert nicht mehr lange, dann werden wir verschüttet."

Risse entstanden in den Wänden, der Putz bröckelte ab und Wasserleitungen fingen an zu tropfen. In dieser Nacht konnten wir den Keller nicht mehr verlassen.

Als wir am anderen Morgen auf die Straße gingen, bot sich uns ein erschreckender Anblick. Es brannte überall. Die Feuerwehren hatten Großeinsatz und versuchten zu löschen. Von unserem Dachstuhl waren nur noch ein paar verkohlte Balken übrig. Unser erster Gedanke war, "jetzt sind wir obdachlos." Doch sehr viel von Haus 84 war noch erhalten. Obwohl alle Fensterscheiben vom Luftdruck herausgeflogen waren, gingen wir hinein, um nach unseren Habseligkeiten zu sehen. Das Treppenhaus war voller Schutt und Wasser. Eine Innenwand war beschädigt und die Treppe wackelte, aber wir konnten ins obere Stockwerk gehen. In unserem Zimmer stank es furchtbar nach Rauch, jemand hatte in der Nacht die Betten mitgenommen, aber sonst war noch alles vorhanden. Wir waren einmal wieder ratlos, räumten einiges von hier nach dort und entschieden, doch in dem Raum zu bleiben.

Abends legten wir uns zur Ruhe, konnten aber nicht einschlafen. Artilleriegeschosse heulten über uns hinweg und schlugen irgendwo krachend ein. Sogar Schüsse von Maschinengewehren hörten wir in der Nähe. Im Haus wurde es uns zu unheimlich. Wir standen auf, rafften alle unsere Sachen zusammen und liefen über die Straße in den Luftschutzkeller. Es war kaum noch Platz, weil es niemand mehr wagte, in sein Haus zu gehen. Wir warteten hier unten auf den nächsten Bombenhagel, doch die Nacht verlief ruhig.

Trotz der Gefahr waren wir bei Tagesanbruch wieder auf der Straße. Wir Kinder liefen in mehrere Geschäfte, um etwas einzukaufen. Einen Augenblick erholten wir uns in einer der schönen Straßen nahe dem Krantor in der warmen Frühlingssonne. Der Aufenthalt im Luftschutzkeller war nur möglich zwischen vielen anderen stehend oder in der Hocke sitzend. Der Betonfußboden war sehr verschmutzt und außerdem kalt.

Als wir, die zerbombten Häuser anschauend, so dastanden, heulten große Geschosse heran und schlugen auf der anderen Straßenseite ein. Wände fielen krachend in sich zusammen und plötzlich waren mehrere Flugzeuge mit Bomben und Bordwaffen über uns. Jetzt war unser "Bad" in der Frühlingssonne endgültig vorbei. So schnell wie möglich liefen wir in den Luftschutzkeller. "Wo sind die Bomben runter gegangen?" wollte der Luftschutzwart von uns wissen. Wir konnten ihm nur die Auskunft geben, daß unsere Straße, bis auf ein paar Einschläge von Granaten, verschont geblieben war.

DER GROSSE ANGRIFF
   AUF DANZIG

Unsere Nachbarin sollte unbedingt Schiffskarten holen. Ihre Tochter hatte solche Angst und wollte nur noch mit einem Schiff von hier weg."Ja, aber für welches Schiff sollen die Karten denn sein, haben Sie denn eins?"wurde sie gefragt. In der Stadt waren ca. 2 Millionen Menschen, und der Feind war schon an vielen Stellen in der Vorstadt. Keiner kam mehr heraus, man wußte auch nicht, wohin, und wie man es anstellen sollte. Bis jetzt hatten wir unendlich viel Glück auf der Flucht gehabt. Sollten wir nun hier in einem Keller auf den Tod warten? Wir hatten Angst und unsere Nerven waren angespannt.

Immer mehr Leute wurden in den Luftschutzraum gebracht. Einige waren verschüttet gewesen. Sie zitterten am ganzen Körper und blickten verstört um sich. Aus den Leitungen kam kein Wasser, man konnte die Toiletten nicht benutzen. Platz war nur noch zum Stehen. Wir bereiteten uns wohl innerlich auf das Schlimmste vor, erschraken auch nicht mehr, wenn Bomben fielen. Aber wir wollten noch lebend aus diesem Keller!

Die Frauen beteten zu Gott, er möge uns doch erretten. Unser aller Leben liegt wohl doch in Gottes Hand! Es war Montag vor Ostern. Schon in der Frühe wurde bombardiert, daß alles bebte und wackelte. Artillerie und "Stalinorgel" schossen den Rest der Häuser in Schutt und Asche. Beim Öffnen der Kellertür drang schwarzer, stinkender Qualm in den Raum. Man hörte fallende Bomben und das Geräusch der Feuersbrunst.

Der Luftschutzwart wollte uns nicht ins Freie lassen. Der Feuersturm warf große Feuerbälle wie im Wirbel durch die Straßen. Auch das Dach dieses Hauses brannte schon.

Unsere Mutter fragte: "Wollen wir denn wirklich hier umkommen?" und entschied: "Wir müssen hier raus!" Wir stürzten die Treppe herauf zur Tür. Hier stand eine große Wassertonne. Tücher und anderes Zeug wurde ins Wasser getaucht. Mutter sorgte dafür, daß alle etwas Nasses über dem Kopf hatten. Der Luftschutzwart brüllte uns an: "Ihr dürft nicht raus!" Aber Mutter stieß die Tür auf, und wir liefen in den Feuersturm, rannten zur Mottlau, ans Wasser. Die ganze Luft war glühend heiß. Von dem gewaltig heulenden Feuersturm getrieben, "flogen" wir förmlich durch die Straße. Noch heute habe ich diesen jaulenden Ton in den Ohren. Es war eine Gluthitze, daß wir fürchteten bei lebendigem Leibe verbrennen zu müssen.

Alle anderen Leute blieben im Keller und sind sicher nicht mehr herausgekommen. Bis zur Mottlau ist uns niemand gefolgt. Mutter hatte Gretel und Gertrud an der Hand, Helmut und ich liefen hinterher und dicht hinter uns unsere Leidensgenossen. Als wir die Mottlau erreichten, mußten wir über heruntergefallenes Gemäuer klettern, auf dem Wasser brannten die Schiffe. Sekunden standen wir wie versteinert. Was sollten wir nur tun, in welcher Richtung wollten wir weiter? Sahen, daß Leute auf eine kleine Barkasse stiegen. So schnell wir konnten liefen wir dorthin. Ein älterer Herr wollte zur anderen Seite der Mottlau übersetzen. Wir kletterten über das Eisengeländer.

Tiefflieger kreisten über uns. Mutter und wir Kinder waren schon auf der Barkasse, aber unsere Nachbarn befanden sich noch auf der Straße und drückten sich an eine Hauswand. Unterdessen hatte jemand die Barkasse losgemacht, und sie fing an zu treiben. Mit einem langen Enterhaken, konnte ich sie festhalten, denn die beiden Mädchen und ihre Mutter sollten doch noch mitkommen. Die jüngste Tochter und ihre Mutter sprangen gleich nach. Von der Strömung drehte das Schiff etwas ab, und dann sprang die ältere Schwester gleichzeitig mit einem Mann von oben herunter, rutschte ab und fiel dabei in's Wasser. Sie hatte eine Aktentasche und ein Kleid in der Hand, ließ alles los und wollte schwimmen. Ihre Bekleidung war aber so schwer, und wir sahen, daß sie unterging. Ihre Mutter schrie auf, aber dann kam sie wieder an die Wasseroberfläche. Einer der Männer erfaßte sie, und sie konnte auf das Boot gezogen werden. Sie hatte nicht nur Wasser geschluckt, auch leider all ihre Sachen verloren.

Die Nachbarin hatte in der Aufregung ihre Handtasche auf's Schiff geworfen. Als sie sich umsah, um die Tasche zu suchen, war diese schon geklaut worden. Und das in dieser Not! Es war eine Schweinerei, aber die Tasche blieb verschwunden. Sie weinte bitterlich, tröstete sich damit: "Wenn wir nun auch gar nichts mehr haben, aber Dich haben wir doch gerettet." Sie umarmte glücklich ihre Tochter. Für sie war die Welt untergegangen, als ihre Tochter im Wasser versank. Jetzt waren wir alle auf dem Schiff. Der Feuersturm trieb uns in die Mitte der Mottlau. Lenken konnten wir den Kahn nicht, also ließen wir ihn treiben und wurden noch von Flugzeugen beschossen. "Oh nein," rief eine der Frauen, "verbrannt sind wir nicht, aber jetzt werden wir wohl ertrinken müssen." Wir trieben gegen ein brennendes Schiff, stießen uns davon ab und landeten nach längerer Fahrt an einem größeren Kahn, der am Ufer befestigt war. Daran vertäuten wir die Barkasse und stiegen alle an Land.

Wegen zu großen Beschusses, suchten wir Schutz in einer Fabrik und später in einem Keller. Wir waren wieder einmal mit heiler Haut davon gekommen!

Eine alte Frau, die das Elend bemerkt hatte, nahm das nasse Mädchen mit in ihre Wohnung. Sie gab ihr von ihren Kleidern, die sie erübrigen konnte.

Danzig brennt

Die Sachen paßten nicht recht, aber sie hatte etwas Trockenes auf dem Leib und in der Hand das Bündel mit ihren nassen Kleidern.

Es war ein trostloser Anblick. Beim Umziehen, hatte sie festgestellt, daß sie ihre Armbanduhr, ein Konfirmationsgeschenk von ihrer Tante, in der Mottlau verloren hatte.

Jetzt besaß sie wirklich nur noch ihre nassen Kleider und die von der lieben alten Frau. Wir wurden jeden Tag ärmer. Mutter hatte immer noch ihre Handtasche und etwas Geld, aber die Nachbarn besaßen auch das nicht mehr.

Soldaten brachten uns mit einer kleinen Fähre an das andere Ufer der Mottlau. Danach ging es zu Fuß über eine Brücke nach Heubude. Heranrasende Flugzeuge schossen mit Bordkanonen, feuerten aber auf eine Militärfahrzeugkolonne, nicht auf uns.

Unser Blick ging zurück nach Danzig. Über der Stadt hing nur schwarzer Rauch, hinter dem sich die Sonne wie eine dunkle Kugel ohne Strahlen verbarg. Es war 14 oder 15 Uhr, in Danzig schien die Hölle auf Erden. Die Hälfte der Menschen ist dort umgekommen. Wer hat solche Greueltaten, die in einem Krieg geschehen, jemals zu verantworten? Es ist unfaßbar, zu welchen sadistischen, ekelhaften Handlungen machthungrige Staatsoberhäupter fähig sind! Es gibt in allen Ländern Gruppierungen, Geheimdienste und Ämter, die alles und jeden Bürger kontrollieren, nur den "allmächtigen" Herrschern gebietet niemand Einhalt, wenn sie ganze Völker zugrunde richten wollen.

Strammstehen müssen die Jungs und auf die Fahne schwören, sich erschießen lassen, wenn man es ihnen befiehlt, gegen einen Feind kämpfen, mit dem oft sogar viele befreundet oder verwandt sind. Wer sind sie überhaupt, diese "Oberhäupter", die immer wieder,

92

das Volk als "ihr Volk" betrachten? Unter Immunität stehen sie! Diktatorisch regieren dürfen sie! Millionen Menschen laden sie auf ihr Gewissen! Wofür? Für den Machthunger von einigen Wenigen!

Was hatten wir nur verbrochen, daß wir wochenlang als hungernde Elendsgestalten durch das Land ziehen mußten?

Als wir die brennende Stadt Danzig verließen, schrieben wir den 26. März 1945 . Gegen Abend befanden wir uns in der Nähe von Heubude. In einem Holzhaus suchten wir vorerst Schutz vor den Flugzeugen, die auch hier dauernd angriffen, gingen dann doch in einen Bunker, um etwas mehr geschützt zu sein.

Hier waren Flackgeschütze stationiert. Wenn sie feuerten, wurden solche Stellungen vom Feind besonders angegriffen. Der Bunker war zwar nicht bombensicher, schützte uns aber vor Geschossen und Splittern. Zivilisten und Soldaten suchten hier Schutz vor dem ohrenbetäubenden Lärm, der draußen herrschte. Wir waren schon alle halb taub von dem ewigen Gedröhne, zogen die Köpfe ein, wenn um uns herum Granaten einschlugen, und hielten uns die Ohren zu.

Soldaten reichten Süßmost herum und verteilten Zwieback und Drops, so viel wir wollten. Es lenkte etwas ab, zu oft hatten wir Angst um unser Leben. Verwundete wurden in den Bunker gebracht und Sanitäter halfen ihnen, so gut sie konnten. Sie erzählten, daß die Brücke, über die wir gekommen waren, einem Volltreffer zum Opfer gefallen wäre.

Ein Soldat hatte von einem Bombensplitter eine Kopfverletzung. Spät am Abend hörten die Bombenangriffe auf. Es wurde ruhiger.

Danzig brennt immer noch

Nur ein Flugzeug kam jede Nacht und bewarf alles mit Bomben, was beleuchtet war. Man nannte es wegen der klappernden Motorgeräusche,"Kaffeemühle", "Nachteule" oder auch "Klapperstorch."

Ein Offizier besorgte uns ein Zimmer, weil wir in der Nacht nicht mehr weitergehen wollten. Nur eine kurze Zeit legten wir uns zur Ruhe. Dann gerieten wir sehr stark unter Beschuß und rannten so schnell wir konnten wieder in den Bunker. Das Haus erschien uns nicht sicher genug. Danzig und die Vororte brannten immer noch. Der helle Feuerschein erleuchtete den Nachthimmel. Wer half dort nur den Menschen in ihrer Not?

Im Bunker war es feucht und ungemütlich. Helmut und ich gingen ins Freie unter eine Bahnunterführung, wo wir uns einigermaßen sicher fühlten. Mit einem Sack voller Lebensmittel, die vermutlich aus einem zerbombten Geschäft stammten, schacherte ein Kriegsgefangener mit Flüchtlingen. Er wollte Zigaretten dafür eintauschen. Leider hatten wir weder Zigaretten noch sonst etwas anderes, und er meinte zum Schluß: "Kommt her, nehmt den Rest und verschwindet damit." Mutter dachte, wir hätten es gestohlen, aber wir erzählten ihr von der Herkunft und ihr Mißtrauen schwand wieder.

Wichtige Meldungen, die Landser von draußen brachten, schafften einige Unruhe unter ihren Kameraden. Ein Teil von ihnen verließ eilig den Bunker. Auf der Straße zogen sehr viele Flüchtlinge vorbei. Wir wollten doch lieber hier noch etwas geschützt übernachten.

Gegen 4 Uhr morgens wurden Mutter und unsere Nachbarin plötzlich sehr unruhig. Sie weckten uns, und wir schlossen uns den müden Vorbeiziehenden an. In Heubude war kein Haus unbeschädigt. Von vielen kleineren Gebäuden hatte die Druckwelle der Bomben die Dächer hochgehoben und herunter gekippt. Überall sahen wir qualmende Häuserreste, brennende Autos, umgekippte Leitungsmasten, angeschossene Rinder, Pferde und sehr viele tote Menschen, mit abgerissenen Gliedmaßen und zerfetzten Kleidern. Sie lagen im Straßengraben und an Häuserwänden, es sah aus, wie auf einem Schlachtfeld. Soldaten brachten die Toten vom Weg, um den Flüchtenden den Anblick zu ersparen. Es war grauenhaft!

Immer wieder die gleichen grausamen Bilder der Vernichtung! Im Wald, der voller Soldaten und Flüchtlingen war, gab es ebenfalls sehr viele Verwundete und Tote. Sie hätten hier unter sehr starkem Beschuß gelegen, sagten die Leute. Wir begegneten einem Fuhrwerk aus unserer Gegend. Die Leute wollten mit Handgepäck auch zu Fuß weiterziehen. Wo sollten sie noch mit dem Wagen hin? Ohne sie gingen wir weiter. Es war schon beschwerlich genug, unsere beiden Familien zusammenzuhalten.

Inzwischen wurde es hell, wir wanderten durch Krakau und Neufähr. An vielen Stellen war alles zerstört und durcheinander geflogen, denn nachts waren sehr viele Bomben gefallen. Wohin wir wollten, wußten wir nicht genau, wir liefen mit dem großen Treck. Jemand erzählte, das Samland sei wieder frei. Wir glaubten das und freuten uns. Viele wollten über die Frische Nehrung nach Ostpreußen zurück, in unsere Heimat. Uns aber widerstrebte das. Wir fürchteten, dort womöglich verschleppt zu werden.

Wir wanderten weiter und kamen dorthin zurück, wo wir schon einmal waren. Am Ufer eines Weichselarmes wurde ausgeruht und ein Stück Brot gegessen. Eine Fähre brachte Autos und Menschen auf die andere Seite.

Das kalte Wasser war uns unheimlich. Wir liefen schnell über eine Fußgängerbrücke zum anderen Ufer. Dort mußten wir sofort in ausgehobene Schützengräben springen. Schon wieder wurden wir von Flugzeugen angegriffen, die auf alles schossen was sich bewegte. Von einem Schützengraben sprangen wir in den anderen. Unsere Kleidung verschmutzte dadurch immer mehr.

Mutter mußte dabei noch auf uns Kinder achten, damit alle beieinander blieben. Sie hatte solche Angst, uns könne etwas zustoßen oder wir verlieren uns in dem Chaos.

Ein Haus war durch eine Bombe vollkommen zerstört. Überall lagen Tote. In einem Baum hing ein Stück Jacke mit einem abgerissenen Arm. Ich mußte wieder an die jungen Burschen denken, die "zu feige waren, um zu kämpfen". Diese Eindrücke lassen sich kaum beschreiben, aber langsam gewöhnte ich mich daran. Da lagen tote Kinder und alte Leute, einfach so im Dreck.

Wieder mußten wir über eine Weichselbrücke und kamen nach Bohnsack. Auch dort sprangen wir gleich wieder - es war nahe der Kirche - in einen Splittergraben. Unzählige Bomben fielen herunter. Die Brücke wurde getroffen und einige Fahrzeuge stürzten mit ins Wasser.

Am Waldrand standen noch unbeschädigte Häuser. Die Wasserpumpe vor einem der Häuser lieferte noch Wasser. So konnten wir uns etwas frisch machen. Hier gedachten wir erst einmal auszuruhen. Wir hatten die Tür geöffnet, saßen auf Stühlen und einem alten Sofa, denn außer uns war niemand im Haus, als ein furchtbarer Knall das Gebäude erschütterte, so daß alle Scheiben aus den Fenstern herausflogen und wir nur noch auf Glassplittern liefen. Im Garten war neben einem Erdbunker eine Bombe eingeschlagen. In Eile gruben Soldaten einige Leute aus, die verschüttet worden waren. Sie hatten alle das Glück, ohne Verletzungen davon gekommen zu sein.

Mit Leuten aus Danzig zogen wir weiter in den Wald. Überall war Militär in Unterständen und Erdbunkern. An einer Feldküche wurde Essen ausgegeben. Ich faßte den Mut, zu fragen, ob für uns auch noch etwas Suppe übrig sei, und wir erhielten jeder einen kleinen "Schlag" Nudelsuppe. Der Koch sagte:"Es ist besser, ihr geht hier aus der Schußlinie, unsere Stellungen werden oft angegriffen. Geht weiter ans Wasser, zur Ostsee, da ist es ruhiger!" Am Waldrand lagerte sehr viel Militär, und dahinter erblickten wir den schönen, weißen Strand und das bewegte Wasser. Hier standen wir geschützt unter Bäumen und schauten auf's Meer. Über uns flogen feindliche Flugzeuge, die von einer Flackstellung unter Beschuß genommen wurden. Plötzlich setzte ein gewaltiges Trommelfeuer ein. Deutlich war das schrille, heulende Geräusch der "Stalinorgel" zu hören. Die Stadt Danzig lag wieder unter Beschuß. Ein schreckliches Dröhnen war in der Luft, wir spürten die Erde erzittern. Nach kurzer Zeit färbte sich der Himmel blutrot. Amerikanische Flugzeuge hatten ihre Bomben über der Stadt abgeladen, so wurde es uns berichtet!

Die fast tausendjährige Stadt, alle diese schönen Häuser und Straßen wurden sinnlos völlig zerstört. Wir waren froh über unser Glück, dort heil herausgekommen zu sein.

Diese Nacht wollten wir im Wald in Erdmulden übernachten. Vom Wasser herüber wehte ein eisiger Wind. Mutter meinte:"Die Luft riecht nach Schnee!" An einem großen Erdhügel hinter tiefhängenden Tannen suchten wir Schutz. Soldaten gaben uns den Rat, auf die andere Weichselseite zu gehen. Dort sei weniger Militär und deshalb auch kaum Beschuß zu befürchten. Schon wollten wir wieder weiterziehen, aber eine Familie aus Danzig war entschlossen, hier im Wald zu übernachten. Mutter hatte unsere Gretel oft auf dem Rücken getragen, und müde waren wir ohnehin alle.

Der Danziger Mann hatte einen Spaten besorgt und grub ein paar Mulden in den Sand, damit wir darin etwas geschützt schlafen könnten. Bei einsetzender Dunkelheit zogen viele Frauen mit Kindern und alte Leute in Richtung Weichsel an uns vorbei. Jetzt hielt es uns hier auch nicht länger. Die Übernachtung in den Sandlöchern widerstrebte allen. Wir schlossen uns den Weiter-ziehenden an. Die Danziger hatten zu viel Handgepäck. Helmut und ich halfen, eine ihrer Taschen zu tragen, wofür sie uns ein Brot gaben. So wanderten wir auf einem schmalen Pfad am Waldrand durch die Nacht oder liefen am Strand bei eisigem Wind weiter. Vor Müdigkeit blieb so mancher im Sand sitzen und wollte einschlafen, wurde aber unsanft von den anderen geweckt und lief taumelnd weiter. Mutter schleppte das kleine Gretchen auf dem Rücken und wir anderen drei Kinder meldeten ihr von Zeit zu Zeit, daß wir noch da seien. Sie ängstigte sich, daß einer von uns verlorenginge.

Soldaten, die hier im Wald lagen, erzählten uns, daß die Fähre in Schiewenhorst momentan für Zivilpersonen gesperrt sei. Nun stand die Suche nach einer geeigneten Übernachtungsmöglichkeit wieder von neuem an.

Mit viel Glück fanden wir in der Dunkelheit einen mit Tannenästen bedeckten Erdbunker, in dem schon Soldaten übernachteten. Sie rückten alle enger zusammen, um für unsere Gruppe Platz zu schaffen. Einer der Soldaten hielt draußen Wache.

Letztendlich war für zwei von uns doch kein Platz mehr vorhanden, wohin wir uns legen konnten.

Zwei, das waren Helmut und ich! Wir suchten uns einen Platz auf der windgeschützten Seite des Bunkers. Ein paar Tannenzweige, Büschel von Blaubeeren und Gräsern dienten als Bettlager. Nach kurzer Zeit waren wir eingeschlafen.

Jemand hatte sich über uns gebeugt und wollte uns wecken. Vor uns stand der Posten. Ich muß ihn wohl erschrocken angesehen haben. Er beruhigte mich aber und sagte:"Jungs, ihr müßt jetzt aufstehen, sonst erfriert ihr noch." Er hatte uns mit seinem langen Mantel zugedeckt, denn es schneite. Wir bedankten uns bei ihm, gingen zur Eingangseite des Bunkers und schauten vorsichtig hinein. Ein paar Gestalten rührten sich schon, um auch aufzustehen.

Fröstelnd und etwas ungelenk in unseren Bewegungen standen wir in der Morgensonne. Sie drang nicht wärmend durch unsere klamme Bekleidung, weil der Wind zu kalt war. Müde und steif zogen wir in Richtung Weichsel weiter. Von Bordwaffen getötete Menschen und Pferde, die noch vom Angriff spät abends am Wegrand lagen, sollten gerade weggeschafft werden. Wir trafen den Danziger Familienvater, der erkunden wollte, ob eine Fähre ginge. Er wußte zu erzählen, daß nur Militär übergesetzt wird.

Mutter und ich schätzten unsere mißliche Lage ein."Wir sind eingekesselt, und wenn wir hier noch lange ausharren, schnappt uns der Russe, erschießt uns oder wir werden verschleppt." Zurückgehen wollten wir nicht mehr. Man müßte doch noch von der Weichsel mit einem Schiff wegkommen!"hofften wir. Uns knurrte der Magen. Mutter machte uns ein Brot mit Margarine und Zucker obenauf.

Männer vom Volkssturm hatten ganz in der Nähe einen

Splittergraben ausgehoben. Dahinein gingen wir, um vor dem Wind geschützt zu sein. Wir zogen unsere feuchten Kleider aus und ließen sie vom Wind und der Sonne trocknen.

Nahe bei uns, im lichten Tannenwald, hielten sich russische Kriegsgefangene auf und kochten irgend etwas in einem größeren Topf. Helmut und ich waren neugierig und setzten uns abseits von ihnen, wie ein paar hungernde Wölfe. Sie beobachteten uns, sprachen auch miteinander und lachten uns an. Angst hatten wir nicht vor ihnen. Einer hatte etwas Dampfendes in der Hand, kam damit auf uns zu, und wir gingen ihm entgegen. Er wieherte wie ein Pferd und lachte. Ich nahm das Fleisch entgegen. Der Russe legte seine Hände auf unsere Schulter und schüttelte uns. Wir strahlten ihn an, bedankten uns und liefen zurück zu den anderen.

"Was ist das denn für ein Stück Fleisch?" fragte Mutter und als wir erzählten, daß es Pferdefleisch sei, grinsten alle, doch niemand wollte etwas davon haben. Ich probierte erst einmal, aber es schmeckte nicht sehr gut. Pferdefleisch hatten wir alle noch nicht gegessen. Nachdem Mutter eine Priese Salz drauf gestreut hatte, schmeckte es gleich viel besser.

Immer wieder zogen Bombergeschwader über uns hinweg. Die Leute aus Danzig standen wieder neben uns. Der Mann machte ein kleines Feuer und brutzelte ein Stück Rindfleisch. Er gab dann jedem etwas ab und alle meinten, "das schmeckt doch besser, als Pferdefleisch!" Es dröhnte über uns, wir krochen schnell unter einen großen Lastwagen und lagen schon hinter den dicken Reifen, als in der Nähe Bomben einschlugen. Es jaulte und knallte furchtbar an einem Rad, hinter dem Helmut lag. Ein Splitter war gegen die Felge gekracht. Helmut hatte großes Glück, ihm war nichts passiert.

Von oben rieselte Sand, alles war in die Luft geflogen. Die Feuerstelle mit dem großen Kochtopf war nicht mehr da, die Russen waren weg, überall große Bombentrichter. Die Bäume waren grau vom Staub. Der Rauch von den Feuerstellen war offenbar Anlaß genug, anzugreifen.

Abends fanden wir einen Erdbunker, der nur notdürftig abgedeckt war. Mit Tannenästen und Moos dichteten wir ihn ab. Es zog trotzdem, und wir froren jämmerlich. Mitten in der Nacht, wurden unsere Mütter wieder unruhig. Sie wollten aufbrechen und versuchen, auf die Fähre zu kommen. Sie hatten schon oft in der größten Not eine Eingebung, als ob ihnen einer sagte:"Jetzt ist es Zeit, ihr müßt wieder weitergehen."Ohne die Danziger Familie zogen wir durch die Nacht. Klein Gretchen muckste und jammerte, sie mußte natürlich mithalten, bis wir in Schiewenhorst waren.

Ein Offizier schickte uns zurück. "Hier kommen Sie nicht weiter, gehen Sie lieber wieder in den Wald." In der Dunkelheit schlichen wir uns aber an Fahrzeugen vorbei, Richtung Fähre. Immer zwischen den Wagen, durch Matsch und Dreck, ging es an der Weichsel entlang.

Endlich erreichten wir die Verladestelle. Nur Militärfahrzeuge wurden übergesetzt. Ab und zu waren ein paar Zivilisten dazwischen. Wir warteten sehr lange am Ufer. Eine Gruppe von Leuten mit Fahrrädern bekam von einem Offizier die Erlaubnis zum Übersetzen, aber an der Fähre wurden sie zurückgewiesen.

Die Weichsel war nebelverhangen. Langsam gingen wir vorwärts. Kälte und Müdigkeit ließen unseren Mut sinken. Die Frauen klagten einem Offizier ihr Leid. Dieser brachte uns zu zwei Flüchtlingswagen, auf denen kranke Kinder waren. Darum sollten sie bevorzugt werden. Da saßen wir nun, hatten uns in Decken gewickelt und sollten das nächste mal mit übersetzen, doch dann wurden Fahrzeuge des Roten Kreuzes und Wehrmachtswagen bevorzugt. Die Flüchtlingswagen mußten zur Seite fahren, um Platz zu machen, und die Kinder weinten und jammerten. Sie warteten hier schon einen ganzen Tag.

Bis zum Morgen saßen wir auf dem Wagen, und die Leute wurden schon unfreundlich zu uns. Die Sonne kam höher, der Nebel verzog sich. Wir stiegen vom Wagen, um weiterzukommen. Zwei Fähren setzten noch über die Weichsel. Die Flüchtlinge wurden immer zurückgewiesen. Nur einzelnen gelang es, weil sie mutig und entschlossen waren, auf die Fähre zu gelangen.

Ein paar Flugzeuge rasten über uns weg und schossen mit Bordkanonen. Wir warfen uns alle unter einen Bus in den Dreck. Am Ufer standen so viele Flüchtlinge, daß die Soldaten nicht mehr Herr der Lage waren und mit ihnen schimpften.

Wir sollten endlich Platz machen, um nicht das Verladen zu behindern. Alle blieben aber stehen und drängten langsam näher zur Fähre. Jetzt wurde sie voll, ein Fahrzeug paßte nicht mehr herauf. Ganz schnell stürmten wir vor und stellten uns in die Lücken der Autos. Die Soldaten konnten es nicht mehr verhindern. Die Fähre legte ab, und wir kamen ohne Zwischenfall am anderen Ufer an. Der Weg führte uns in den Ort Nickelswalde, der von Angriffen sehr zerstört war. Mutter ging in einen kleinen Laden. Wegen nahender Bomber liefen wir in einen Keller. Die Flugzeuge zogen aber über uns hinweg. Wir warteten auf unsere Mutter. Schutzsuchend stand sie an einer Hausecke, als wieder Flugzeuge nahten und doch ein paar Bomben abwarfen.

Der kleine Keller, in dem wir Schutz suchten, erbebte so sehr, daß wir glaubten, das Haus bräche zusammen. Mutter fand sich auch wieder ein. Wir gingen zur Station einer Kleinbahn. Die Bahn fuhr gerade ab, als wir sie erreichten. Wieder wurden wir angegriffen. Man erzählte uns, eine Autofähre sei getroffen und untergegangen.

Längere Zeit saßen wir in Schützengräben. Ein Soldat gab uns sein Fernglas, damit wir die Flugzeuge beobachten könnten. Wir sahen die Geschosse der Flack, aber ein Flugzeug wurde nicht getroffen.

Sehr selten erlebten wir, daß deutsche Jagdflugzeuge aufstiegen und Luftkämpfe stattfanden. Ein Luftwaffensoldat wurde gefragt: "Wo seid ihr eigentlich mit euren Vögeln?" "Gute Frage", sagte er, "die stehen alle im Schuppen, wir haben keinen Tropfen Sprit mehr, man läßt uns hier verbluten."Es war wohl alles nur noch eine Frage der Zeit.

Kein Nachschub, kein Entkommen, der größte Teil der Ortschaften war zerstört, und wir waren dem Russen ausgeliefert. Mutter verteilte unter uns trockenes Brot und ein Stückchen Blutwurst, wobei uns ein Soldat beobachtete und mit Nudelsuppe und ein paar Rouladen zu uns kam. "Mein Gott, welch ein Festessen," sagte eine der Frauen. In einer Erdmiete fanden wir noch gut schmeckende Möhren und steckten uns die Taschen voll.

Unterwegs wurden wir wieder von Flugzeugen überrascht und suchten Schutz in einer Schule. Auf offener Straße war es sehr gefährlich, sich zu bewegen, und wir beschlossen, möglichst im Wald zu gehen. Auf einer Waldlichtung wurden wir angegriffen und es hätte uns beinahe "erwischt". Wir konnten uns nur noch auf die Erde werfen und sahen die Geschosse fliegen. Die Erde spritzte neben uns auf, aber niemand war getroffen worden. Schnell liefen wir in dichteres Gehölz. Dort trafen wir Leute aus unserer Heimat, einem kleinen Ort an der Alle. Als wir die Unterhaltung fortsetzen wollten, schlug eine Bombe in ein nahe gelegenes Haus, wo in kurzer Zeit lodernde Flammen aus dem Dach schlugen. Zwei angebrannte Pferde liefen wild aus dem Gebäude in den Wald und es stank nach verbranntem Fell.

Auf unserem Weg begegneten wir einer großen Schar russischer Gefangener. Der Wachmann erzählte, er sei aus Bartenstein. Unsere Nachbarn fragten ihn nach ihrem Vater, aber er wußte nichts von ihm. Unter dauerndem Fliegerbeschuß, in Splittergräben Schutz suchend, mußten wir wieder weiter. Die Nachbarstochter kam einmal wie wild "angeflogen". Dabei riß sie an einem abgebrochenen Ast ein großes Loch in ihren Mantel.

Nah bei uns schlug eine Bombe ein. Durch die Erschütterung stürzte eine Seitenwand des Schützengrabens ein und verschüttete einige von uns bis an die Hüften. Wir gruben sie mit bloßen Händen aus und waren alle vollkommen dreckig. Eine Feldküche, die unweit von uns stand, war zerstört, und der Splittergraben zum größten Teil eingefallen.

Vor weiteren Bombenangriffen suchten wir Schutz in einem aus Beton gebauten Militärbunker, hielten es aber nicht lange aus und zogen wieder weiter, irrten durch die Gegend und suchten vergeblich nach einer Unterkunft. Verwundete und andere ausgemergelte Gestalten quälten sich auch zu Fuß weiter, es war ein Bild des Jammers!

Der Weg von Danzig bis hier hatte uns sehr viel Kraft und Nerven gekostet. Gegen Abend fing es auch noch an zu regnen. In Waldnähe brannten ein paar Häuser. Ein unbeschädigtes bot uns für kurze Zeit Schutz vor dem Unwetter.

Ganz in der Nähe war ein größerer Friedhof mit vielen frischen Erdhügeln. Alle, die ausgelitten hatten, fanden gleich hier ihre letzte Ruhe. Die Namen der Toten, die auf den Holzkreuzen standen, waren uns alle unbekannt.

Sanitäter überließen uns ein Zimmer mit der Einschränkung, wir müßten es verlassen, wenn weitere Verwundete eingeliefert würden. Ein Sofa und ein paar Stühle standen darin. Wir waren froh, diese Nacht windgeschützt und trocken verbringen zu können.

Mitten in der Nacht weckten uns Schwestern des Roten Kreuzes und verlangten, wir sollen das Zimmer räumen, weil es dringend gebraucht würde. Die Soldaten regelten aber, daß wir bis zum Morgen bleiben durften. Die Schwestern mußten erst einmal in einem Raum unterkommen, der von Bordwaffen beschädigt war. Am Morgen räumten wir das Zimmer, wuschen uns an einer Pumpe und gingen auf der Straße weiter. Der Waldweg war aufgeweicht und es tropfte von den Bäumen.

Ein großes Tuch mit der Aufschrift "Lazarett" war an einem Schulgebäude, an dem wir mit unzähligen Soldaten vorbeizogen, angebracht. Einer der Soldaten hatte eine Wolldecke unter dem Arm und gab sie uns. Heute bekamen wir etwas und am anderen Tag ließen wir etwas liegen. Flüchtlinge, Soldaten mit Pferd und Wagen, alles zog auf der überfüllten Straße wie ein riesiger Lindwurm weiter. Einige wollten auf die Nehrung und andere sagten: es sei sinnlos, da kämen wir überhaupt nicht durch. Die nächsten Orte waren Junkeracker, Stegen und Stutthof. In der Nähe einer Schule befand sich das Ortsbüro.

Wir warteten auf Mutter, die aber ohne Erfolg von der Suche nach einem Quartier zurückkam.

Es war Karfreitag am späten Nachmittag, und wir waren alle mutlos, weil uns niemand mehr aufnehmen wollte. "In der Not tut's auch eine Gartenlaube", dachten wir und fragten nicht mehr lange. Ich suchte ein Stück Eisen, es gab ein lautes Knacken und die Tür war offen. Tisch und Stühle, lange Bänke, alles war vorhanden. Durch die großen Fenster drang sehr viel Kälte. Schnell hatten wir Bänke und Stühle zusammengeschoben, auf die wir uns zum Schlafen legten. Wir rückten alle dicht zusammen, aber es war bitterkalt in der Laube.

Nur einmal mußten wir wegen Fliegeralarms in einen Luftschutzkeller. Morgens früh waren wir wie steif gefroren, durften uns dann aber im beheizten Keller der Schule aufwärmen, gingen anschließend wieder in "unsere" Laube, um etwas zu essen. Ich sah durch das Fenster, etwas verdeckt hinter Sträuchern, zwei gefrorene Babys, die aussahen wie große Puppen. Nackt, aus welcher Not auch immer, lagen sie da.

Mutter gelang es, bei einem Bauern Milch für Gretel zu kaufen. Als sie ihm erzählte, daß wir mit 8 Personen in einer Laube übernachtet hätten, bot er uns an, in seiner Scheune zu schlafen. Ganz winddicht war diese nicht, aber als wir im Stroh lagen, wurde uns schon warm.

Überall witterten wir einen verlockenden Duft, wenn wir an den Häusern vorbeigingen. Der Osterkuchen wurde gebacken, nur wir hatten keinen, aber den konnten wir auch entbehren.

Am 1. April war Ostersonntag. Zu Hause gingen wir Burschen

zum "Schmackostern" und bekamen dafür kleine Geschenke und gefärbte Ostereier. Helmut und ich überlegten nicht lange, wir holten uns vom Waldrand einen kleinen Wachholderbusch und versuchten es auch einmal in einigen Häusern. Natürlich dürften wir bei den Burschen und Mädchen "schmackostern", aber wir sollten es nicht zu heftig machen, wurde uns gesagt. "Nein, nein, wir wollen sie nur etwas damit kitzeln", und dann sagten wir noch einen kleinen Spruch dazu auf und bekamen allerlei dafür geschenkt. Die Burschen und Mädchen sprangen schreiend aus den Betten und stürzten in ein anderes Zimmer. Ihre Mutter lachte und packte uns ein Ostergeschenk ein.

Als wir in die Scheune kamen, versetzten wir alle in Osterstimmung. Sie staunten, wieviel wir bekommen hatten. Jeder erhielt ein Stückchen Kuchen und ein Osterei. Der freundliche Bauer gab uns ein paar Kartoffeln, die wir bei einer älteren Frau in einem Haus am Bahndamm kochen durften. Wir nannten sie "Oma", und die Frauen konnten später bei ihr sogar die Wäsche waschen. Im Haus der "Oma"waren noch Flüchtlinge aus Danzig - Ohra, die einen Raderkuchen gebacken hatten und uns alle zum Kaffee einluden. Das war unser Osterfest 1945.

Der Kessel, den der Russe um uns zog, wurde immer enger. Das führte dazu, daß sehr viel Vieh geschlachtet und Rindfleisch auch ohne Marken an alle verkauft wurde.

Wir lebten noch einige Tage recht gut, hatten nur oft Angst, in der Schlange vor den Geschäften zu stehen, denn die Flugzeuge schossen mit ihren Kanonen auf größere Menschenansammlungen. Dann mußten wir Schutz suchen, und wenn wir es wieder wagten anzustehen, hieß es natürlich: "hinten anstellen."

In der Scheune fühlten wir uns geborgen. Eines Tages fing die kleine Gretel an zu jammern. Sie hatte einen heißen Kopf und wir dachten, sie bekäme auch Typhus, wie viele andere. Nach näherer Untersuchung wurde festgestellt, daß sie die Masern hat und mit Fieber im Stroh liegen mußte, aber auch das hat sie alles überstanden. Anschließend bekam sie eine schlimme Mittelohrentzündung und trug lange einen Verband um den Kopf.

Es war anfang April, die Sonne schien an manchen Tagen recht warm, so daß wir uns schon mal im Schutz einer Wand aufwärmen konnten und Zeit hatten, über vieles nachzudenken.

Wo mochte wohl Oma jetzt sein, wo unser Vater? Wir hatten Heimweh. Im Radio hörte ich, daß die Amerikaner das Rheinland besetzten. Dort, wo die Verwandten unserer Nachbarn wohnten.

"Unsere" Scheune wurde eines Tages mit Soldaten belegt. Sie kamen aus Danzig, mußten früh morgens wieder weiter. Nachts kam die "Kaffeemühle" und warf zwei Bomben ab, doch wir blieben bislang immer verschont.

Eine Frau aus Labiau, die ihre Kinder in dem Chaos verloren hatte, war vollkommen mit den Nerven fertig, sie rief dann immer: "Fru, höres, Fru, höres, de Fliejasch kome, höres." Sie war halb irr, wenn sie Flugzeuge hörte. Einen richtigen Luftschutzkeller hatten wir hier nicht, denn die meisten Häuser waren aus Holz. Auch an dieses nächtliche Gebrumme gewöhnten wir uns. Am späten Abend kamen halb verhungerte Kriegsgefangene in die Scheune, die Kohlblätter und eßbare Abfälle von einem Mistberg suchen wollten, was ihnen aber von einem SS-Mann, der einen Säbel in der Hand hielt, verboten wurde.

Eines Nachts griff die "Kaffeemühle" den Kleinbahnzug an, weil aus der Lock, die anfahren wollte, Funken sprühten. Die Bomben schlugen direkt neben dem Zug ein, und viele Menschen wurden von Splittern getroffen und getötet. Am anderen Morgen sahen sich SS-Soldaten die Toten an. Einer schaute in die Scheune und fragte, ob hier Leute aus Ostpreußen wären. Wir meldeten uns, kannten ihn aber nicht. Unsere Nachbarin erzählte ihm von unserem Leid. Als er hörte, daß sie aber auch gar nichts mehr hätte, gab er ihr etwas Geld. Sie könne es ja zurückgeben, wenn wir wieder zu Hause sind, meinte er. Infanterie kam auf den Hof, und die Scheune wurde mit Soldaten belegt.

Unsere Nachbarstochter wollte an die Ostsee, mochte aber nicht alleine durch das Lager des Militärs. Es war Sonntag nach Ostern, ein Tag mit herrlichem Sonnenschein. Sie bat mich, mit ihr zu gehen. Auf Sandwegen spazierten wir in Richtung Wasser und sahen vor Unterständen Soldaten in der Morgensonne sitzen.

Oft blieben wir stehen, um uns das Treiben anzusehen, wanderten weiter durch den Wald bis an die Dünen und schauten auf das Wasser. Fischerboote schaukelten in den Wellen, Steinchen und Muscheln spülten hin und her. Wir liefen ein Stück am Strand durch den feuchten Sand. Mit Bangen dachten wir an die Überfahrt mit einem Schiff, irgendwo hin.

Auf einer Sandbank lag ein gestrandetes Segelschiff und ein Soldat versuchte, es mit einem Pferd zu erreichen. Andere, die uns entgegen kamen, fragten, wohin wir beide denn wollen. "So, so, ihr geht nur spazieren." Einer von ihnen hatte eine Hand voll Bernstein, gab uns ein paar Stückchen und sagte:"Die schenke ich euch!"

Wir suchten Muscheln, die besonders schön geformt waren, und

110

ich fand sogar noch zwei kleine Stückchen Bernstein. Die Sonne verschwand hinter den Wolken, es wurde kühl, und wir kehrten um und gingen zurück zu "unserer" Scheune. Das war seit langem ein richtig schöner Tag.

Die Einschiffung der Flüchtlinge sollte beginnen. Wir waren begeistert. Endlich kamen wir weg von den Russen, obwohl wir hörten, daß so viele Schiffe versenkt wurden. Es war für uns die einzige Möglichkeit, hier noch lebend zu entkommen. Die Schienen der Kleinbahn waren wieder repariert worden, und täglich kamen Hunderte von Flüchtlingen nach Nickelswalde zur Einschiffung. Wir wurden immer ungeduldiger, wollten Schiffskarten besorgen, aber unsere kleine Gretel war noch nicht gesund. Mutter fürchtete Schlimmes, wenn wir jetzt auf das kalte Wasser müßten.

Ein Militärkommandant kam eines abends und empfahl uns, wir sollten uns bereit halten, denn in ein paar Tagen müßte hier alles geräumt sein. Es gäbe dann keine Verpflegung mehr. Das war also ein Befehl für alle, auch die Einheimischen müßten alles verlassen. "Sobald wir Bescheid bekommen, bringen euch Fahrzeuge nach Nickelswalde", erklärte er uns.

Abends standen wir an der Scheune und hörten ein Brausen am Himmel. Feindliche Flugzeuge warfen "Leuchtschirme" ab, und die Kugeln der Flack schwebten wie Sterne am Himmel. Eine Welle nach der anderen flog über Pasewark hinweg. Sie warfen hier keine Bomben und für uns war alles nur wie ein Feuerwerk am Himmel.

Die Menschen auf der Halbinsel Hela erlebten aber die Hölle. Als die Bomber alles abgeladen hatten, kamen sie auf dem selben Weg wieder zurück. Ihre beiden Bomben warf nur die "Nachteule" ab, weil sie Bewegungen bei der Einschiffung in Nickelswalde beobachtet hatte. "Das könnte für uns ja alles noch recht "heiter" werden", dachten wir. Die Soldaten machten uns aber etwas Hoffnung. Sie meinten, wir sollten doch mit dem Schiff fahren, denn alle gingen bestimmt nicht unter.

Unsere Mütter säuberten die Kleidungsstücke bei der "Oma", als zwei junge Burschen von Haus zu Haus rannten und riefen: "Um 19.00 Uhr müssen sich alle mit Gepäck bei der Schule melden."

Es war 17.00 Uhr, Mutter hatte noch Wäsche auf der Leine. "Alle auf einmal, das geht sowieso nicht, bestimmt geht etwas später noch ein Transport," meinte sie. Das war wieder unser Glück, denn wir erfuhren, daß die Wagen aus Pasewark, sehr beschossen wurden. Die Menschen wären von den Wagen gesprungen und die Pferde wie wild durchgegangen. In den Abendstunden überflog uns ein Flugzeuggeschwader in Richtung Hela. Dort wurde der Rest der Ortschaften zerstört und fast alle Schiffe im Hafen versenkt.

Am folgenden Tag holten wir gleich nach dem Frühstück unsere Schiffskarten und wollten auch fort. Frauen weinten, weil sie so große Angst vor der Fahrt über das Wasser hatten. Jeder bekam etwas Marschverpflegung. Nach dem Abschied von der lieben "Oma" machten wir uns auf den Weg. Unterwegs ließen Leute einiges von ihrem Handgepäck zurück und gaben uns noch ein paar Bekleidungsstücke, die wir gut gebrauchen konnten.

Ein uns Entgegenkommender erzählte, daß an der Weichsel unendlich viele Menschen auf ein Schiff warteten. Er glaube nicht, daß wir da heute mitkämen. Außerdem hätte er gehört, wir führen alle über Hela mit Schiffen nach Dänemark, wo er vor einiger Zeit auf der Insel Seeland gewesen sei. Dort lebten die Soldaten herrlich und in Freuden und für uns würde dort bestimmt auch gesorgt werden. Wenn wir es bis Hela schafften, wären wir aus der größten Gefahrenzone heraus und hätten das Schlimmste hinter uns. Der Hafen sei bereits völlig zerstört, und somit müßten wir auch keinen Angriff befürchten. Eine andere Wahl hatten wir ohnehin nicht, denn aus diesem Kessel gab es kein Entrinnen. Der einzige Weg, hier lebend herauszukommen, führte nur noch über die Ostsee in den Westen oder nach Dänemark.

Unsere Abfahrt sollte gegen 19.00 Uhr beginnen. Vor einem Schulgebäude wurden wir namentlich aufgerufen. Wer seine Schiffskarte hatte, wurde mit einem Wagen nach Nickelswalde gebracht. Die Fahrzeuge reichten nicht aus. Viele mußten zu Fuß gehen. Es wurde dunkel, wir hörten in der Stille unsere Wagen rumpeln und zusätzlich das klappernde Geräusch der "Kaffeemühle" am Abendhimmel. Um dem Feind keine Beobachtungsmöglichkeit zu geben, erledigte man solche Aktionen in den Abendstunden. In Nickelswalde endete unsere Fahrt vor einem Gasthaus, in dem jeder ein Stückchen Brot und Wurst als Verpflegungsration erhielt.

Später wurden wir bis an die Weichsel in die Nähe des Anlegers gebracht. Eisiger Wind wehte uns vom Wasser entgegen. Mit unserem Gepäck in den Händen, darauf achtend, daß wir beieinander blieben, standen wir oder saßen auf der Erde, bis der Hintern kalt wurde. Mutter stand vor einem Auto ohne Räder und sagte:"Kommt, hier setzen wir uns rein." Unsere Nachbarn hatten eine große Munitionskiste entdeckt, wickelten sich in Decken und saßen darauf. So warteten wir auf "unser" Schiff. Mutter hatte Gretel auf dem Schoß und betete für uns.

Schluchzend sagte sie:"Oh Kinder, wo mag nur unsere Oma sein? Wir fahren jetzt mit einem Schiff weg, was wird nur aus ihr?" Wie oft hatte sie Vorbeiziehenden nachgeschaut, um Oma zu finden. Sie hatte ein sehr großes Schuldgefühl. Woher Mutter die Kraft schöpfte, um diese schreckliche Zeit zu überstehen, ist mir heute noch ein Rätsel. Es muß wohl ihr Glaube an Gott gewesen sein.

MIT DEM PRAHM NACH HELA.

Zu gegebener Zeit sollten wir aufgerufen werden. Eine Fähre brachte gerade Wehrmachtsfahrzeuge an Land, als plötzlich von Flugzeugen "Leuchtschirme" abgeworfen wurden, die alles in Licht tauchten, als ob der helle Mond schiene. Kopflos rannten alle durcheinander, aber Soldaten riefen:" Jeder bleibt auf seinem Platz und rührt sich nicht!"Die Flugzeuge hatten andere Ziele.

Mitten in der Nacht, hörten wir jemand rufen:" Pasewark antreten!" Dazu gehörten wir und stellten uns zu den anderen in die Reihe, froren und warteten ungeduldig.

Ein Wunder war es schon, daß bis jetzt noch keiner von uns eine ernstliche Krankheit hatte, außer Gretels Mittelohrentzündung und unseren Blasenerkältungen. Wir sahen abgemagert und hohläugig aus, aber wir überstanden die täglichen Strapazen noch recht gut. Fast eine Stunde warteten wir auf ein Schiff. Dann ging Mutter mit uns zur Polizeistation, wo man uns sagte, daß noch in dieser Stunde die Leute aus Pasewark verschifft werden sollten. Es müßte jeden Augenblick eins einlaufen.

Ein diensthabender Beamter brachte uns dann auch gleich weiter nach vorn. Er rief den Wartenden zu, wer reisefertig sei solle

114

mitkommen. An der großen Fähre und an Militärfahrzeugen vorbei führte er uns auf den Anleger.

Es war am 12. April um 3.00 Uhr, als wir auf das Schiff, einen größeren Prahm, gingen. Wir standen, zusammengepfercht wie die Heringe, an Deck, viele kauerten an der Bordwand und hatten ihren Kopf in beiden Händen. Bis Hela sollte die Fahrt ca. vier Stunden dauern. Ein Stück fuhren wir noch auf der Weichsel und kamen dann in offenes Wasser, wo sich das Schiff im Wellengang hob und senkte. Ich stand mitten an Deck, schaute mir alles an und erblickte ganz schwach, weit in der Ferne, Danzig und Gotenhafen, sonst aber nur Wasser und Himmel. Zwei Schnellboote mit Flüchtlingen an Bord fuhren im Morgengrauen an uns vorbei. Langsam stieg die Sonne wie ein Feuerball aus dem Meer, das schwarz vor uns lag und oft wie ein Spiegel blinkte. Möwen kreischten um uns herum, wunderschön sah das alles aus, nur der Wind schnitt uns ins Gesicht. Ich fing allmählich an zu frösteln.

Plötzlich wurden die Marinesoldaten auf der Brücke unruhig und suchten mit ihren Gläsern den Himmel ab. In der Ferne konnte ich einen Geleitzug von fünf großen Schiffen erkennen. Das Flackgeschütz wurde besetzt, Die Soldaten hatten feindliche Flugzeuge ausgemacht, aber wir konnten unbehelligt weiterfahren. Mutter saß an der Reling, war seekrank und übergab sich. Viele andere sahen genau so schneeweiß aus. Das Gefühl von Übelkeit auf See kannte ich nicht, dafür quälte mich etwas anderes.

Meine Blase piekte, und ich wollte auch zur Reling, aber keiner wollte seinen Platz aufgeben. Jeder stand auf seiner Stelle, hatte sein Bündel zwischen den Füßen und rührte sich nicht. Ich hatte schon Krämpfe und fühlte, wie der Urin an meinem Bein herunter in den linken Schuh lief. Ein tolles Gefühl war das gerade nicht, aber mir ging es wieder besser. Nach Stunden der Fahrt konnte ich Land sehen. Ja, das war die Halbinsel Hela. Ich erkannte schon einzelne Häuser, überall stieg schwarzer Rauch auf. Man konnte erkennen, was die Bomber angerichtet hatten.

Glücklich landeten wir im Fischereihafen und gingen an Land. Hela war vollkommen zerstört und von Rauch geschwärzt. Im Hafen brannten immer noch versenkte Schiffe, die etwas aus dem Wasser ragten. In einem beschädigten, verrußten Haus, in dem zwei Drittel der Fensterscheiben fehlten, saßen Soldaten und Flüchtlinge. Alle waren schwarz verräuchert, sie waren von den brennenden Schiffen gerettet worden.

Am Tag zuvor um 12.00 Uhr hatten sie einen Angriff überlebt, aber dann wären Bomber erneut gekommen, hätten mit 5 Bomben die "Posen", es war ein Lazarettschiff, versenkt, die alle, die unten im Schiff waren, mit in den Tod riß. Über 300 fanden den Tod. Verwundete und Flüchtlinge verbrannten oder ertranken. Gerettet wurden nur Menschen vom Oberdeck.

An Stricken und Netzen hätte man sie in die Boote geholt, wobei viele Menschen vorbei gefallen und im kalten Wasser untergegangen seien. In der Nacht wurde bei dem Bombenangriff auch der Dampfer "Karlsruhe" versenkt, der über 960 Menschen mit in den Tod riß. Und ebenso fanden beim Untergang des Dampfers "Moltkefels" über 300 Menschen den Tod. Heute, nach so vielen Jahren, hört und spricht man nur noch von der großen Schiffskatastrophe der "Gustloff", die am 30. Januar 1945 vor Gotenhafen von Torpedos getroffen wurde und in einer Stunde versank, wobei über 9340 Menschen ihr Leben lassen mußten. Vergessen dürfen wir aber nicht, das trotz der gelungenen größten Rettungsaktion aller Zeiten, dennoch ca 60.000 Menschen unschuldig und elendig bei der Versenkung vieler Schiffe durch russische U.-Boote in der kalten Ostsee ertrunken sind.

In diesem beschädigten Haus trafen wir noch einmal eine Lehrerin, die mit uns in der Scheune in Pasewark übernachtet hatte. Sie war in Todesangst vor der Schiffsfahrt. Zwei Tage ohne Schlaf hatten wir jetzt hinter uns, waren zu müde, um uns zu unterhalten, suchten nach einem geeigneten Platz zum Ausruhen. Helmut und ich legten uns in eine Ecke auf den Fußboden. Mutter, die kleine Gretel und Gertrud saßen an der Wand, die Sonne schien durch die zerstörten Fenster. Jeder versuchte zu schlafen. Es war ein Bild des Elends.

Nur unsere Nachbarin war draußen, um unbedingt zu erfahren, was mit uns geschehen solle, hatte auch von einem Polizisten die Auskunft erhalten, daß hier alle evakuiert würden und gleich auf ein Schiff müßten, berichtete sie uns.

Wir rafften uns wieder auf und gingen hungrig und müde zum Fischereihafen, wo ein kleiner Dampfer an einem Anlegesteg lag. Die Mädchen liefen vor uns her auf dem Steg und die Frauen riefen ihnen zu:" Geht bloß langsam und fallt nicht noch ins Wasser." Schon der Blick auf das bewegte Wasser drehte ihren Magen um und machte sie seekrank. Etwa 150 Menschen durften mitfahren. Wir saßen an Deck auf einem großen Kasten, als das Schiff ablegte. Das ewige Geschaukel bewirkte, daß gleich wieder sehr viele an die Reling gingen, um sich zu übergeben.

Auf Reede lagen große Frachtschiffe, die uns in Empfang nehmen sollten. Das Schiff, mit dem wir fahren sollten, hatte den Namen

"Lappland", ein Frachtschiff mit Tarnanstrich.

Ein größeres Lazarettschiff lag längsseits, wurde entladen, und wir kreisten wie eine kleine Biene um einen großen Brummer und dachten: "Hoffentlich werden wir nicht noch von Flugzeugen angegriffen". Endlich durften wir an dem großen Lazarettschiff anlegen und gelangten auf die "Lappland".Unser kleiner Dampfer hob und senkte sich ununterbrochen. Wir mußten aufpassen, daß wir nicht ins Leere traten. Die kleine Gretel wurde von zwei Matrosen herüber geschwenkt und von zwei anderen aufgefangen. Auf der großen Holztreppe ging es nach oben. Wir waren froh, nicht an einer Strickleiter hochklettern zu müssen.

Oben angekommen, empfing uns eine freundliche Rot - Kreuz - Schwester und gab jedem die Hand. Wir wurden zur Luke 2 geschickt und gelangten auf einer Treppe in einen großen Laderaum. Dicht beieinander saßen und lagen die Menschen in dem schwach beleuchteten Raum auf dem Fußboden. Auch wir gingen in die Menge, um uns hinzusetzen. Noch viele Leute kamen die Treppe herunter, ein Teil von ihnen wurde in die unteren Laderäume geschickt.

An der Bordwand waren behelfsmäßig Holzbetten angebracht. Dort lagen schwerverwundete Soldaten, aber auf leichtverletzte Verwundete nahm kaum einer Rücksicht, die mußten genau so sitzen und sich stoßen lassen wie alle anderen. Mutter fürchtete, das Schiff würde überladen. Als alle an Bord waren, sagte ein Matrose durch ein Sprachrohr:"Das Schiff läuft um 20 Uhr aus, das Reiseziel ist unbekannt, Kaltverpflegung wird für alle ausgegeben. Für Kinder haben wir auch Milch an Bord. Bei Fliegeralarm gibt die Sirene einen kurzen Ton und alle müssen unter Deck, bei U.-Bootalarm einen langen Ton und alle müssen auf das Deck. Falls das Schiff sinken sollte, müssen alle in Rettungsboote oder notfalls über Bord springen. Schwimmwesten werden noch verteilt, Kinder und Frauen werden bevorzugt."Viele standen nach Schwimmwesten an. Wir holten uns keine. Mutter meinte,"mit oder ohne Weste, das ist in der Kälte egal."

Abends gab es Kaltverpflegung für ca.7000 Personen. Eine Weile stellten wir uns auch in die Menge, aber da hätten wir Stunden stehen müssen. Wer auf Deck eine der Brettertoiletten benutzen wollte, mußte eine Stunde oder länger schön ruhig warten. 7000 Menschen auf einem Frachter, vielleicht auch mehr.

MIT DER LAPPLAND
NACH DÄNEMARK

Um 20.00 Uhr lichtete die "Lappland" den Anker und setzte sich in Bewegung. Die Heimat zu verlassen und nicht zu wissen, wohin es geht, ist schon ein beklemmendes Gefühl, das eine merkliche Stille unter den Menschen hervorruft. Es war so eng, daß man nicht die Beine ausstrecken konnte. Hinter uns saß eine Familie aus Allenstein. Als die Leute einschlafen wollten, traten sie uns in den Rücken. Wir haben uns zwar umgeschaut, aber nichts gesagt. Doch als jemand seine Beine auf Mutter´s Brust legte, da gab es Ärger. Sie schlug so sehr sie konnte, mit ihren Fäusten auf die fremden Beine und schimpfte so laut, daß alle erstaunt umherschauten. Aber sie hatte damit Erfolg.

Es fing an zu regnen. Die Einstiegluken wurden mit Planen abgedeckt. Jemand meinte, bei solch schlechtem Wetter wäre die Gefahr nicht so groß, von Flugzeugen angegriffen zu werden. Das war natürlich eine beruhigende Nachricht, aber ich dachte, "wenn in diesen Kahn Bomben einschlagen, dann saufen wir noch schneller ab, als im Haff." U-Boote könnten aber auch bei schlechtem Wetter einen Geleitzug von großen Frachtschiffen und ein paar kleinen Schnellbooten angreifen.

Seegang spürten wir auf der Lappland nicht. Ein Panzersoldat hielt sich an der vielbenutzten Treppe auf und sorgte, wenn es sein mußte, für Ruhe und Ordnung.

Schlafen konnten wir nicht, denn dauernd schritt jemand über uns hinweg. Ich mußte raus, weil mir rundum alles weh tat, stolperte die große Treppe nach oben und lief zu den Toiletten, die ich glücklicher Weise gerade noch erreichte. Meine Neugier trieb mich anschließend noch zum Vorschiff, wo ich mich einem eisigen Wind entgegen stemmen mußte.

Seitlich konnte ich Land sehen. Ein wachhabender Matrose erklärte mir, daß es die Insel Rügen sei, die wir anlaufen würden. In Inselnähe stoppte die "Lappland", und es legten noch zwei Schiffe an. Verwundete und eine Unmenge von Flüchtlingen kam an Bord. Von dem Panzersoldaten erfuhr ich, daß wir niemand mehr aufnehmen könnten. Jetzt seien ca 7.500 Leute auf der "Lappland."

Mit dem Geleitzug zogen wir weiter. Ich konnte in Erfahrung bringen, daß außer der Lappland noch drei Schiffe, die den Namen "Robert Bornhöfen", "Urundi" und "Osnabrück" hatten, den Geleitzug bildeten. Auch diese hatten je ca 5000 Flüchtlinge und Verwundete an Bord. Plötzlich ging ein dröhnendes Zittern durch das Schiff. Die Matrosen legten in Eile Schwimmwesten an. Viele Leute kamen aufgeregt aus dem unteren Luk. Jeder erzählte etwas anderes. Ich vernahm Dröhnen und Pumpgeräusche. War es ein Torpedotreffer, eine Mine, die das Schiff beschädigt hatte, oder ankerten wir? Das Schiff stand jedenfalls still.

Nach einiger Zeit wurde der Anker gelichtet, und die "Lappland" bewegte sich wieder. Ruhe trat ein. Ein Matrose meinte: "Wenn weiter nichts vorfällt, sind wir abends in Kopenhagen." Also nach Dänemark werden wir gebracht! Wir hatten es geahnt, es war wohl der letzte und sicherste Ausweg, um dem Verderben zu entrinnen.

Die Fahrt dauerte von Hela nach Kopenhagen ca. 26 Stunden. Um 21.30 Uhr, ging ich noch einmal an Deck. Im Wasser spiegelte sich Lichterglanz. Langsam näherten wir uns der Insel Seeland.

Aus dem hell erleuchteten Hafen kam ein Lotsenboot an unser Schiff längsseits, das uns an der "Meerjungfrau" vorbei in den Hafen von Kopenhagen geleitete. Endlich brauchten wir keine Angst mehr vor den Bomben zu haben.

Nachdem das Schiff festgemacht hatte, atmeten wir erleichtert auf, waren froh und dankten Gott, daß er uns auf der Fahrt, die uns auch zum Verhängnis hätte werden können, behütet hatte. Die Verwundeten wurden in der Frühe vom Schiff in einen Güterzug gebracht, um schnellstens versorgt werden zu können. Unzählige Männer, gestützt auf Rot-Kreuz-Schwestern, zerschundene Krüppel, verließen ein großes Lazarettschiff in Richtung dieser Eisenbahn.

Der Dampfer "Lappland"

So sahen Soldaten aus, die von der Front kamen. Sie quälten sich, hüpften auf einem Bein, wurden getragen oder gestützt.

Auf dem Schiff wurde es nun geräumiger. Wir sollten noch an Bord bleiben und stellten uns erst einmal zum Essenempfang an, um unsere knurrenden Mägen zu beruhigen. Dort beschwichtigte ein Matrose zwei zankende Frauen mit den Worten:"Danken sie lieber Gott, daß Sie hier unversehrt gelandet sind, wir haben alle großes Glück gehabt, denn unsere Fahrt hätte auch anders enden können!"Von ihm erhielten wir auch die Auskunft, daß in kurzen Abständen jeweils 1000 Leute von Bord gehen dürften, um dann mit der Eisenbahn weiter ins Land befördert zu werden.

Wir hatten zwei Gepäckbündel abgegeben, die jetzt zwischen Säcken und Koffern auf einem großen Haufen an Deck lagen. Zum Glück kamen unsere Sachen bald zum Vorschein, und wir konnten von Bord gehen. Wegen Platzmangels klappte die Verteilung nicht, worauf das Gepäck mit einem Netz auf die Straße gesetzt wurde.

Wir gingen über die hintere Treppe von Bord. Größere Gepäckstücke wurden mit einem Auto bis zur Bahn gebracht, doch wir klammerten uns an unsere Habseligkeiten. Verwundert über die Ruhe und den Frieden hier im Lande schauten wir uns das Hafengebiet an. Außer den bepackten Flüchtlingen und einigen deutschen Soldaten bewegte sich hier wenig.

Zwei Soldaten teilten uns wahllos in Fahrgruppen ein. Wir gehörten jetzt zur Gruppe vier. Sie zeigten uns den Weg zum Bahnhof, der hinter größeren Gebäuden lag. Dort sollten wir auf den Zug warten.

Noch einmal blickten wir zurück zur "Lappland." Jemand erzählte uns hier, das Schiff sei von einem Torpedo getroffen worden, war jedoch nur geringfügig beschädigt und konnte verhältnismäßig schnell repariert werden.

Was wirklich geschehen war, haben ich nie erfahren können. Zwei Schiffe seien untergegangen, wurde erzählt, aber unser Geleitzug fuhr meines Wissens ohne längeren Zwischenstopp bis Kopenhagen. Ich glaube, es waren nur Gerüchte einiger Wichtigtuer oder nervlich überforderter Leute.

Auf dem Bahnhof empfingen uns hilfsbereite Soldaten, die auch bereitwillig Auskunft über alles gaben, wonach sie gefragt wurden."Ja, es sind schon sehr viele Flüchtlinge nach Dänemark gekommen, und alle haben eine gute Unterkunft. Ihr werdet Euch wie zu Hause fühlen," hörten wir sie erzählen. Gruppenweise ließen sie uns in den Zug steigen und sorgten für Platz und Ordnung.

Es war Sonntag, der 15. April. Durch das Abteilfenster beobachteten wir das Leben und Treiben im Hafengebiet, Soldaten und Matrosen, die das Glück hatten, hier auf das Ende des Krieges warten zu dürfen. Sie versuchten, mit Mädchen anzubändeln und verteilten Schlagsahnetörtchen.

Zu unser aller Freude wurden wir noch ein letztes Mal von den Matrosen der "Lappland" verpflegt. Sie brachten Wurstbrote, heißen Kaffee und sogar Milch für die Kleinen. Es war wohl die letzte Fahrt der "Lappland", darum bekamen wir von dort noch einmal Verpflegung für unsere Reise, die wohl etwas länger dauern sollte.

Die Frauen hatten an einem Hafengebäude einen Wasserhahn entdeckt und fingen an, kleine Wäschestücke auszuwaschen. Die Waggons standen auf einem Abstellgleis, und wir warteten auf die Lok. Auf dem Nebengleis rollte ein Lazarettzug heran. Die Verwundeten erhielten Weißbrot und Brötchen und fuhren weiter.

124

Ein Schiff lief in den Hafen, wir gingen ans Wasser, um nach Bekannten Ausschau zu halten. Ein paar Leute jubelten und winkten, doch wir konnten keinen Bekannten erspähen.

Ein großes Schiff mit dem Namen "Adele Traber" lief ein und noch drei andere, deren Namen mir entfallen sind. Alle hatten mehrere Tausend Flüchtlinge an Bord. Es war wohl der größte Evakuierungseinsatz der deutschen Marine im zweiten Weltkrieg, die letzte Notmaßnahme, um die Menschen aus Ost.- und Westpreußen vor der Roten Armee zu retten.

Der Zug sollte gegen Abend abfahren, aber die Lok kam erst, als es schon dunkel war. Wir stiegen eiligst in das Abteil und suchten unsere Plätze auf. Matrosen winkten mit ihren Taschentüchern, als sich der Zug bewegte. Als wir die Stadt verließen und durch die Landschaft fuhren, war von Kopenhagen leider nicht viel zu sehen.

Ich stand mit meinem Bruder Helmut auf der Plattform. Wie wir so durch die Nacht fuhren, "überkam es mich". Ich holte meine Mundharmonika hervor und spielte Heimatlieder.

Ein paar Leute kamen, um frische Luft zu schnuppern und sangen leise mit. Der kühle Wind und unsere Müdigkeit waren Anlaß genug, wieder in's Abteil zu gehen. Wir fanden nicht recht Platz und legten uns auf den Fußboden. Ich hörte noch eine Weile das Singen der Räder und bin dann wohl eingeschlafen. Andere hätten noch die Sterne beobachtet und wären vor Müdigkeit gegen ihren Nebenmann gekippt, erzählten sie.

Mitten in der Nacht hielten wir auf einem Gleis in einem Hafen. Zugpersonal kam ins Abteil und verteilte gekochte Eier. Es sollte wohl ein nachträgliches Osterei zur Begrüßung in Dänemark sein.

Wir waren in Korsör auf der Westseite der Insel Seeland und

mußten auf eine große Fähre umsteigen. Frauen und Kinder wurden von Soldaten unter Deck auf ihre Plätze geführt in einen Raum, der mit langen Tischen und Klappstühlen ausgestattet war.

Die Soldaten erzählten uns, daß wir von der Insel Seeland über den Großen Belt zur Insel Fyn übersetzten. Die Fahrt sollte 90 Minuten dauern. Seegang war nicht zu spüren. Das Schiff lief sehr ruhig. Wir legten unsern Kopf auf die Arme und schliefen alle sitzend an den Tischen ein. In Knudshoved bei Nyborg auf der Insel Fyn war die Fahrt zu Ende. Wir wurden geweckt und gruppenweise zu bestimmten Eisenbahn-Waggons geführt.

Die Gruppen 1 und 2 sollten schon nach kurzer Fahrstrecke in Odense aussteigen, für alle anderen hieß das Reiseziel Middelfart.

Sitzgelegenheiten waren in den Güterwagen nicht vorhanden. Wir setzten uns auf unser Gepäck und lehnten uns mit dem Rücken an die Wand. Müde und elend waren wir alle. Deshalb war es nicht verwunderlich, daß sich mancher auf den Fußboden legte und schlafen wollte. So versuchte jeder, für sich soviel Platz wie nur möglich zu beanspruchen.

Mir wurde der Platz an der Wand recht unbequem. Der Zug wartete auf die Lok. Helmut und ich sind ausgestiegen, um einen Dauerlauf zu machen.

An der Schiebetür saß neben anderen älteren Herren auch ein Schulrat, der schon Unterrichtspläne erstellte, falls er in einem Flüchtlingslager Unterricht erteilen sollte.

So dösten wir noch eine Weile vor uns hin. Im Morgengrauen setzte sich der Zug endlich in Bewegung. Jeder wollte durch den Spalt der etwas geöffneten Tür die Landschaft sehen, denn wir kannten Dänemark nur aus dem Schulatlas und hatten in den letzten

Monaten nur noch eine zerschossene und zerbombte Trümmerland-schaft durchwandert. Deutsche Soldaten, die aus Sicherheitsgründen die Bahnstrecke bewachten, winkten uns lächelnd zu. In Odense stoppte der Zug. Für über Hundert Flüchtlinge war die Fahrt zu Ende. Hier wartete ein unbekanntes und entbehrungsreiches Lagerleben auf sie.

Soldaten kamen zu uns an den Waggon und erzählten etwas über Dänemark. Luftangriffe gäbe es hier nicht, nur die Dänen sprengten ab und zu eine Brücke in die Luft. Zigaretten wären sehr knapp und kosteten eine Krone das Stück. Einer der Soldaten verschenkte Bonbons an die Kinder. Für Zigaretten tauschten sie Schokolade ein. Abkaufen konnten wir ihnen leider nichts, denn wir besaßen keine Kronen, und die deutsche Reichsmark wollte niemand mehr haben.

Unsere Fahrt ging weiter in den Nord-Westen der Insel und endete in dem Städtchen Middelfart, wo wir eine kurze Wartezeit hatten und uns das rege Treiben anschauen konnten."Die Menschen sehen genau so aus wie in Deutschland, nur etwas andere Kinderwagen haben sie hier", stellte eine der Frauen fest.

Auf dem kleinen Bahnhof wartete niemand auf uns. Wir mußten alle aussteigen, standen dichtgedrängt auf dem Bahnsteig und hielten uns krampfhaft an unserem Gepäck fest.

Endlich wurden wir von einem deutschen Soldaten begrüßt, der uns dann aufforderte, mit ihm vor das Bahnhofsgebäude zu kommen. Kurze Zeit später bestiegen wir einige offene Lastkraftwagen die mit uns durch Middelfart, vorbei an sehr schönen Häusern, am Lille Belt entlangfuhren. Buschwindröschen blühten am Waldrand, aber uns wehte kalte Seeluft entgegen.

Vor einem großen Haus in der Ortschaft Strib standen deutsche Soldaten auf Posten. Die Straße war mit Stacheldraht und einem Schlagbaum abgesperrt. Wir durften passieren. Die Fahrt ging wieder ans Wasser zum Kleinen Belt und endete vor einem Bahnhofsgebäude, das in früheren Jahren zum Betrieb einer Eisenbahnfähre gehörte.

Flüchtlinge erwarteten uns auf der Eingangstreppe. Wir gingen in das Gebäude und bemühten uns, ein geeignetes Zimmer zu finden. Wir Kinder fanden einen Raum für 8 Personen, aber als wir alle beisammen waren, hatten es dann schon andere belegt. So entschieden wir uns für ein Durchgangszimmer und waren alle ein wenig enttäuscht.

Außer einem Haufen Stroh befand sich nichts in dem Raum, er hatte jedoch als kleines Trostpflaster zwei Fenster mit Blick zum Kleinen Belt. Das Zimmer lag im Obergeschoß. Eine bessere Aussicht über das Wasser hinüber zum dänischen Festland konnten wir uns nicht wünschen.

Auszupacken brauchten wir nichts, nahmen erst einmal unsere Verpflegung aus der Tasche, setzten uns in's Stroh und stillten unseren Hunger. Im Nebenzimmer befanden sich zwei Frauen aus Königsberg. Der Raum war sehr groß, und später kam noch eine Frau mit drei kleinen Kindern dazu. Langsam fing es an, chaotisch zu werden. Die Unterbringung einiger Familien klappte nicht mehr.

DIE INTERNIERUNG
IN DÄNEMARK

Es war Montag, der 16. April, als wir im Stroh liegend das Gefühl hatten, eine Unterkunft für längere Dauer gefunden zu haben. Organisatorisch war noch manches im Argen, denn in den Räumen die uns zur Verfügung standen, waren weder Betten noch andere Einrichtungsgegenstände, noch etwas für den persönlichen Bedarf vorhanden. Jemand teilte uns mit, daß wir von der Marine verpflegt würden. Abends, gegen 20.00 Uhr, lagen wir alle nebeneinander im Stroh und schliefen übermüdet ein.

Am nächsten Tag um 11.30 Uhr erwartete uns vor dem Hauseingang ein alter Herr Namens Fischer und führte uns in den Ort Strib zu einem Haus Jentebo. Es war eins der Häuser, die von der dänischen Behörde für Flüchtlinge zur Verfügung gestellt oder vom Militär beschlagnahmt worden waren.

In einem großen Speisesaal erhielten wir an gedeckten Tischen endlich einmal wieder ein kräftiges Mittagessen. Anschließend wurde unsere Kaltverpflegung, Brot, Butter und Wurst, zum Abend und Frühstück ausgegeben. Die Kaltverpflegung war nicht ausreichend. Wir hatten alle einen großen Nachholbedarf und mußten alles genau einteilen, damit jeder genügend abbekam. Für Kinder gab es einen halben Liter Milch oder Kakao, sogar Schokolade wurde verteilt.

Mutter fühlte sich elend, sie bekam Halsschmerzen, und die kleine Gretel hatte immer noch ein vereitertes Ohr, das ihr zu schaffen machte. Beide wurden mit Kamillentee behandelt und waren auch bald wieder gesund. Dann aber befiel uns alle eine richtige Grippe mit Fieber und Halsschmerzen. Zwei Tage wollten wir nichts essen, lagen im Stroh, tranken Kamillentee und schwitzten.

Eines Tages brachte ein Lastwagen Tische und Stühle, Waschschüsseln, eine Wasserkanne und andere Kleinigkeiten, die zu uns ins Zimmer gestellt wurden. Nur ein Kleiderschrank fehlte noch, doch wir fühlten uns jetzt schon recht wohl, denn der Raum sah wohnlicher aus.

Uns wurde empfohlen, unsere Spaziergänge räumlich nicht zu weit auszudehnen und möglichst auf den Ort zu beschränken. Am nächsten Tag wurde der Ort erkundet.

In unseren alten Kleidern, die wir täglich auf dem Leib trugen, fühlten wir uns nicht mehr wohl. Die Frauen aus unserem Nebenzimmer waren in Hela von einem brennenden Schiff gerettet worden, hatten dabei ihre Mutter verloren und trugen auch täglich dieselben Kleider am Körper. Man lebte aber, und das erschien allen wie ein Geschenk.

Irgendwann, so hofften wir, gibt es wohl auch Bekleidung. Wir besaßen kein dänisches Geld und konnten nichts kaufen.

Täglich änderte sich jedoch vieles zu unserem Vorteil. Ein Lagerleiter wurde eingesetzt, und wir erhielten etwas Geld, Erwachsene eine Krone und Kinder 50 Öre pro Tag. Das waren für uns also drei Kronen täglich. Nach einer Woche kauften wir im Ort Seife, Zahnpasta, Zahnbürsten, Schreibpapier und Bleistifte ein, holten vom Konditor Sahnetörtchen, die wir unbedingt probieren mußten, oder vom Eismann Eis mit viel Sahne.

Gespräche mit Soldaten, die am Tage ihren Dienst taten und abends frei hatten und sich mit jungen Frauen oder Mädchen anfreundeten, waren unsere einzige Abwechslung im Lager. Kulturell wurde uns kaum etwas Nennenswertes geboten, es sollte aber in gewissen Abständen ein deutscher Film zu sehen sein, natürlich nur für Erwachsene.

Am 20. April, Hitlers Geburtstag, wurde im Konzertsaal eine große Feier veranstaltet. Es widerstrebte uns, dort hinzugehen. Wir erinnerten uns an die "Großmaulparolen" nur allzugut aus der Zeit, die wir zu Hause verbringen durften. Mit "Nachdruck" wurden wir jedoch an die Liebe zum "deutschen Vaterland" erinnert. Sogar leicht Erkrankte sollten erscheinen, und so machten wir uns auf den Weg, um teilzunehmen.

Ein Soldatenchor sang ein paar Lieder. Danach hielt ein Hauptmann eine Rede, die sinngemäß endete, wir sollen alle auf unseren Führer vertrauen, er hätte uns noch nie im Stich gelassen. Mit einer neuen Waffe würde er Deutschland wieder befreien, nur etwas Geduld müßten wir haben. "Der hat gut reden, hier an der "Schlagsahnefront", dachten wir, als wir alle wieder in unserer Behausung im Strohlager unseren Gedanken nachgingen.

Eine besondere Tätigkeit hatte bislang kaum jemand zu verrichten. Bei sonnigem Wetter hielten wir uns hinter dem Haus auf dem großen Rasen auf, wenn es stürmte, verfolgten wir den Kampf der Boote mit den Wellen auf dem Belt.

Die feste Verbindung zwischen Jütland und der Insel Fyn wurde 1936 durch eine Brücke bei Middelfart über den Lille Belt geschaffen. Diese wurde von Deutschen gebaut und von Dänemark mit Eiern bezahlt. Auf Grund dessen ist später der Name "Eierbrücke" entstanden. Mit der Brücke vereinfachte sich der Eisen- bahnverkehr, der früher mit einer Fähre vom Festland aus über den Lille Belt, von Fredericia nach Strib, in den Fährhafen zu "unserem"

Bahnhofsgebäude führte.

Von der großen Eingangstreppe hatte man einen herrlichen Blick über das glitzernde Wasser, wenn abends die Sonne unterging. Bei guten Windverhältnissen segelten die Fischer mit den Booten zu ihren Fanggründen, Bei Flaute vernahmen wir das monotone Tuckern der Dieselmotoren vom Belt her. Selbst größere Zweimast-küstenschiffe liefen den Hafen an. Einmal wagten wir uns auf eines der Schiffe und hatten dadurch Berührung mit den Seeleuten. Selten war der Kontakt mit der anderen Bevölkerung, das geschah nur beim Einkaufen.

Mutter wollte immer etwas Geld sparen, um einmal Kleidung für uns kaufen zu können. Unsere Schuhsohlen hatten große Löcher, alles andere war abgewetzt und zerschlissen. Das gleiche Schicksal teilten wir mit vielen anderen, die das furchtbare Geschehen auch nur so eben überlebt hatten.

Täglich sah ich Gruppen von Frauen, oft klagend ihre Erlebnisse austauschend, die aus Königsberg, Tilsit, Memel, Landsberg, Masuren, ja, aus ganz Ostpreußen, Westpreußen, Danzig kamen, und sogar ausgebombte Flüchtlinge aus dem Rheinland, die nach Ostpreußen evakuiert worden waren und das Glück gehabt hatten, mit einem Schiff zu entkommen. Sie alle waren jetzt in Dänemark, wußten nicht, wie lange der Zustand dauert und was sie hier noch erwartet.

Kinder, die ihre Eltern verloren hatten, und vollkommen verstörte Frauen, deren Familien umgekommen oder einfach in dem Inferno abhanden gekommen waren, fanden sich hier an. Sie alle zahlten den Preis für diesen Krieg! Jetzt, im Internierungslager, waren sie noch lange auf die Hilfe anderer Völker angewiesen.

Ende April änderte sich das Bild auf dem Lille Belt. Ich fürchtete, der Krieg hätte uns wieder eingeholt, denn alles deutete auf Angriff und Kampf hin. Deutsche Schnellboote und U.-Boote, die von Flugzeugen beschossen wurden und das Feuer erwiderten, jagten uns einen Schreck ein. Doch die Matrosen waren abends im Hafen und erzählten, daß der Krieg zu Ende ginge. Sie scheuten sich nicht, mit Nachdruck zu betonen, daß sie froh wären, endlich wieder nach Hause zu kommen.

Die Nachrichten aus Deutschland hörten sich immer trauriger an. Hamburg lag in Schutt und Asche und hatte sich kampflos dem Feind ergeben, der schon vor der Hauptstadt Berlin stand. Dennoch krächzte der Führer mit seiner schreienden Stimme:" Berlin bleibt deutsch und Wien wird deutsch." Einen Tag später hörte ich, daß in Berlin bitter gekämpft wurde.

Den 1. Mai begingen wir Kinder, fröhlich unsere schönen Maienlieder singend, am Ufer des Belts. Ich spielte auf der Mundharmonika, die schon etwas schnarrte. "Ja, ja" sagten die Frauen, "so steht auch mir der Sinn in die weite Welt. Wo ist nur unser zu Hause? Ist das jetzt hier die weite Welt??"

Von der dänischen Bevölkerung erfuhren wir, daß der Führer am 1. Mai gestorben sei, Deutschland kapituliert und Admiral Dönitz die Führung übernommen hätte. Waren das alles nur Gerüchte, weil jeder etwas anderes erzählte? Es mußte wohl doch wahr sein, denn vieles deutete darauf hin, so daß wir es glauben mußten, und wir waren auch sehr froh darüber.

Die Soldaten kamen aus der Kantine gestürzt und riefen: "Der Krieg ist aus, endlich ist er zu Ende!"

Englische Truppen landeten in Dänemark. Die deutsche

Wehrmacht mußte sich ergeben, denn Deutschland hatte vor allen Mächten kapituliert.

Abends sprach Admiral Dönitz im Rundfunk zum deutschen Volk. Er müsse diesen Weg gehen, um noch mehr Blutvergießen und Zerstörung zu verhindern, sagte er.

DAS ENDE DES ZWEITEN WELTKRIEGES.

Es war am 8. Mai, als für Deutschland die Stunde schlug! Allen blutete das Herz. Deutschland war zerstört und unendlich viele Menschen waren dabei umgekommen oder hatten alles verloren. Das ganze Volk litt unter den Machenschaften eines wahnsinnig Machthungrigen, eines Unmenschen, dessen Namen keiner mehr aussprechen mochte. Oft hörte ich ein abfälliges Schimpfwort, mit dem man ihn bedachte. Nach so vielen Strapazen saßen wir hier in einem fremden Land und wie es uns ergehen sollte, ahnten wir nicht einmal.

Wo mochte unser Vater sein? Die Soldaten hatten umsonst an allen Fronten gekämpft und ihr Leben geopfert.

Das dänische Volk war wieder frei und zeigte seine Freude. Fahnen wehten im Wind, eine große Friedensfeier wurde gehalten und die Menschen zogen, ohne feindliche Haltung stillschweigend an dem von uns bewohnten Haus vorbei. Ausgangssperre für die "bösen Deutschen" war die erste Maßnahme, die sie gegen uns ausübten. Das deutsche Militär durfte die Unterkünfte nicht verlassen. Überall fielen Schüsse. Wir hatten den Eindruck, es fände ein Aufstand statt. Niemand durfte auf die Straße. Nach einigen Tagen der Aufregung herrschte wieder Ruhe.

Nur für uns wurde alles etwas schlimmer. Den Geschäftsleuten war es streng untersagt, Lebensmittel oder Bekleidung an Deutsche zu verkaufen. In geschlossenen Gruppen mußten wir ab sofort zum Essen gehen, die Geldzuteilung in Kronen blieb aus. Wir hatten Ausgehverbot.

Die gute Zeit war für uns wohl zu Ende. Nur auf der großen Rasenfläche hinter dem Haus durften wir uns im Freien aufhalten. In den Ort wagten wir nicht zu gehen. Wir fanden es verwunderlich, daß die Soldaten Ausgang hatten und uns besuchen durften . Sie brachten ab und zu eine Kleinigkeit mit und erzählten, daß sie bald nach Deutschland könnten.

Dänische Polizisten wurden zu unserer Bewachung eingesetzt. In kurzen Abständen patrouillierten sie zu zweit mit aufgepflanzten Gewehren auf der Straße an unserem Haus vorbei. Treu und brav marschierten sie den ganzen Tag auf und ab, denn sie bewachten schließlich deutsche Flüchtlinge, gefangene Nazis, meinten sie.

So vergingen ein paar Tage. Einige Soldaten mit Handgepäck mußten zu Fuß das Land verlassen. Wir hofften, auch bald mitziehen zu dürfen, aber der Traum ging noch lange nicht in Erfüllung. Eines Tages kam ein Flüchtlingsbetreuer aus Middelfart nach Strib und erläuterte uns in knappen Sätzen: "Alle bleiben, wo sie ihr Quartier haben. Niemand schließt sich der Wehrmacht an, die nach Deutschland geht." Wir sollten Ruhe bewahren und auf neue Bestimmungen warten.

Das Essen wurde merklich schlechter. Die Suppen waren so dünn, daß ein paar Mutige eine Sondermeldung durchgaben: "Achtung,

Achtung, wieder wurde ein Kohlblatt in der Suppe gefunden." Alle durften es auf hocherhobener Gabel sehen, worauf ein längeres Gemurmel folgte. Anschließend bekamen sie einen Anschnauzer aus der Küche, mit der Androhung, bei weiteren ähnlichen Vorkommnissen gäbe es kein Essen. Sie könnten froh sein, überhaupt hier am Tisch sitzen zu dürfen. Das wiederholte sich noch sehr oft am Mittagstisch. Kinder erhielten weniger Weißbrot und Milch, Erwachsene weniger Kaltverpflegung.

Die Organisation in der Küche übernahmen Flüchtlingsfrauen, die versuchten, das Beste aus allem zu machen. Die Lebensmittel wurden zu unbestimmten Zeiten angeliefert, wodurch es oft das Mittagessen erst gegen 16 oder 17 Uhr gab.

Kurz vor Pfingsten machte eine Kompanie der ehemaligen deutschen Luftwaffe auf ihrem Heimatmarsch Rast in Strib. Die Soldaten aßen im Speisesaal und erzählten, sie wären in den letzten Kriegstagen auf der Insel Rügen im Einsatz gewesen und hätten sich nach Kopenhagen abgesetzt. Nun gingen sie zu Fuß zurück nach Deutschland in Gefangenschaft. Meldungen über den Verbleib oder die Dauer des Aufenthalts der Flüchtlinge hier in Dänemark kannte niemand von ihnen. Ihre restlichen Sachen, die sie nicht auf den Heimweg mitnehmen konnten, hatten sie den Flüchtlingen in Odense überlassen.

"Unsere" Luftwaffe, was für ein jämmerlicher Haufen! Teilweise wurden die Bündel auf Unterteilen alter Kinderwagen transportiert.

Pfingsten, den 20. und 21. Mai, hatten wir schöne sonnige Tage. Dem Fest entsprechend zogen sich diejenigen, die noch ein paar bessere Kleidungsstücke besaßen, gut an.

Wir trugen, wie an allen Tagen, noch unser altes abgeschabtes

Zeug. Wenn wir über den Belt schauten, überkam uns Heimweh, wir wären am liebsten nach Hause gelaufen. Aber wo wollten wir denn hin, wo war jetzt unser zu Hause? Dokumente und handgeschriebene Stücke waren aufgeweicht und die Schrift so verschwommen, so daß man nichts mehr entziffern konnte. Somit war auch die Anschrift, die uns Vater gegeben hatte, unleserlich und Mutter wußte immer nur von einem Kloster und einer Familie Lühmann zu erzählen. Den Rest der Anschrift wußte sie nicht mehr. Somit konnten wir weder an jemanden schreiben, noch sagen, wohin wir einmal wollten. Ob Vater schon im Westen war, wußten wir auch nicht.

Tausend Dinge gingen uns durch den Kopf, nur wie wir es anstellen könnten, um nach Deutschland zu kommen, fiel uns nicht ein, denn wir glaubten, unser Vater sei in Kurland.

Zu unserer Überraschung gab es zum Pfingstfest einen Schweinebraten zum Mittagessen. Ein weißer Fliederbusch, der am Wegrand stand, sah auch noch gut aus, als ich ihm einen kleinen Zweig abgeschnitten hatte. Dieser blühte zu Pfingsten in unserem Zimmer auf dem Tisch.

Gleich nach Pfingsten verabschiedeten sich winkend die letzten Soldaten, die zu Fuß, in Richtung Deutschland marschierten. Sollten sie dort Trümmer räumen oder in Gefangenschaft gehen?

Es wunderte uns, daß man nur das Militär nach Hause schickte, aber eines Tages, so dachten wir, werden wir auch unser Bündel schnüren und zu Fuß aus Dänemark wandern.

Das Gebäude, in dem die Soldaten gewohnt hatten, eine ehemalige Haushaltschule, ließ unser Lagerleiter, der noch ein alter Parteigenosse war, eigenmächtig räumen. Die zurückgelassenen

Sachen wollte er an uns Flüchtlinge verteilen. So mancher hatte schon kleinere Möbelstücke abgeholt und in sein Zimmer gebracht, doch da erschien die dänische Polizei und machte dem Treiben ein Ende. Hausdurchsuchungen wurden durchgeführt, geflucht und gedroht und alles mußte wieder zurückgebracht werden.

Unsere Versorgung mit Lebensmitteln wurde ab jetzt vom dänischen und schwedischen Roten Kreuz übernommen. Dänemark lieferte uns Hülsenfrüchte und Gemüse, denn hungern sollten wir vorerst noch nicht.

Ende Mai wurden Vorbereitungen getroffen, um allen schulpflichtigen Kindern eine Weiterbildung zu ermöglichen. Alte Lehrer hatten sich bereiterklärt, Unterricht zu erteilen.

Ein ganz alter Oberlehrer "pfiff" uns gleich in der ersten Stunde zusammen und verlangte äußerste Disziplin. Meinte, er hätte es nicht mehr nötig, vor einer Klasse zu stehen, aber er täte es aus Liebe zur deutschen Jugend. Sein Pflichtbewußtsein verlange es von ihm, und das hätten wir auch zu würdigen. Er war ein richtig strenger Pauker der keine Scherze duldete, aber unser Schade war das nicht. Der Unterricht beschränkte sich wegen fehlender Lehrbücher und Mangel an Schreibmaterial auf mündliches Rechnen, Geschichte, Erdkunde und das Erlernen von Gedichten und Liedern.

Hinzu kam noch ein Gesanglehrer, ein richtig fröhlicher Mensch, und dann stellte sich uns ein Schulrat Schröder vor, der den Hauptunterricht über mehrere Stunden erteilen wollte. Er schrieb sehr viele Heimatgedichte. Alleweil kam er in die Klasse und las uns eines seiner neuen Werke vor, worin er die Liebe zur Heimat und sein verstecktes Heimweh zum Ausdruck brachte.

Wir waren begeistert! Gemeinsam mit dem Musiklehrer, der die

Verse vertonte, wurden die Lieder im Gesangunterricht mit uns einstudiert. Heimatlieder, dreistimmig an besonderen Abenden oder zu Feierlichkeiten gesungen, verbreiteten eine zu Tränen rührende Stimmung unter den Menschen. Wir sangen sie auch oft abends am Lille-Belt.

Polizisten versperrten eines Tages unseren Schulweg, forderten uns zur Rückkehr auf, besetzten das Haus und durchsuchten alle Zimmer. Mutter hielt sich in der Sonne auf, alle waren sehr aufgeregt. Niemand konnte sich erklären, warum alle aus dem Haus geschickt wurden.

Auch wir Kinder mußten uns in der Gruppe der Erwachsenen versammeln. Mutter war neugierig und gelangte auch unbehelligt in unser Zimmer, schien dort jedoch unerwünscht zu sein und wurde gleich wieder von einem Wachmann die Treppe hinuntergebracht. Sie versuchte es noch einmal, wollte einen Stuhl, den sie mit nach draußen genommen hatte, nach oben bringen, aber ein Posten im Hausflur sagte, sie dürfe das Haus nicht mehr betreten.

Unser Lagerleiter erschien vor dem Hauseingang auf der großen Treppe und sagte uns unmißverständlich, wir müßten die dänischen Kronen so wie alle anderen dänischen Gegenstände abgeben. Jeder von uns wurde namentlich aufgerufen und sollte bei der Hausdurchsuchung anwesend sein.

Ein Kleinlaster fuhr vor, der Fahrer lud eine Holzkiste ab und dahinein sollten wir alle unsere Kronen werfen, die wir bei uns hatten. Allen Männern wurden die Kleider durchsucht. Die Hausdurchsuchung fand aber ohne unser Beisein statt.

Als die Polizei aus dem Haus kam, drängte sie uns weit zurück. Die Kiste wurde aufgeladen, und alles, was sie unter ihrem Arm trugen, warfen sie auf's Auto, das dann abfuhr.

Unsere Aufregung war natürlich groß. Was hatten die wohl alles durchsucht? Es sah aus, als ob Schweine in dem Raum gehaust hätten. Taschen und Beutel waren ausgeschüttet, verschlossene Koffer einfach aufgeschnitten. Alles was wir besaßen war wahllos durcheinandergestreut und sogar das Strohlager umgewühlt. Weiß der Himmel, was sie noch gesucht hatten. Der Nachbarin wurden Kleiderstoffe gestohlen, die sie noch auf dem Lastwagen hatte liegen sehn, aber nicht mehr zurückbekommen hat. Mutter´s Handtasche lag ausgeschüttet auf dem Tisch, die Papiere und das deutsche Geld, alles war noch da, nur die Armbanduhr, die sie von Vater bekommen hatte, war nicht mehr zu finden." Oh nein", sagte sie: "Nicht das letzte Andenken, was man gerettet hat, lassen sie einem. Der Herrgott wird aber doch einmal für Gerechtigkeit sorgen!" "Ja", sagte ich, "das tut er auch, aber wir sind wohl jetzt nicht an der Reihe." Der Lagerleiter notierte sich alle gestohlenen Gegenstände, aber niemand hat je etwas davon wiedergesehen.

Am 2. Juni gaben die Engländer neue Bestimmungen heraus. Verpflegungsmengen wurden festgelegt. Statt Kartoffeln gab es Kartoffelschnitzel, die gekocht wie Schweinefutter schmeckten, einmal in der Woche Fisch, Zucker, Salz, Grütze und Spinat. Alles wurde genau zugeteilt. Pro Person und Woche 175g Wurst oder Käse etwas Roggen - und Weißbrot. Drei kleine Kinder sollten soviel wie ein Erwachsener erhalten, was dann aber von der Küchenleitung anders geregelt wurde.

Mich reizte es eines Tages, auch mal etwas zu tun. In Tolks konnte ich ganz gut mit Tusche und Pinsel umgehen. Ich besorgte mir in der Schule Malpapier, lieh mir einen Tuschkasten und malte drauf los. Jeder machte einen Vorschlag, was auf dem Bild erscheinen sollte. Die alte Schule, Häuser aus Tolks, die Schiffe auf dem Belt, Blumen und Vögel, alles, was jedem so einfiel. Die Bilder wurden immer größer und besser, und jedes Bild fand auch seinen Platz an der Wand. Unser Raum sah gleich viel schöner aus.

Wir erhielten keine Post aus Deutschland. Wenn abends die Sonne glühend hinter Jütland versank, wurde so mancher traurig. Auf den großen Steinen am Wasser sitzend sangen wir dann die Lieder, die der Schulrat für uns schrieb.

Eins dieser schönen Lieder, die etwas wehmütig aber doch betont national klingen, möchte ich hier für später aufschreiben.

Hinter Jütlands grüner Küste,
sinkt die Sonne in das Meer.
Wenn ich doch erst einmal wüßte,
wo jetzt meine Heimat wär.

Hier in Dänemarks Gestaden
schaute ich vergebens aus.
Keiner von den vielen Pfaden,
zeigte mir den Weg nach Haus.

Sinkt die Sonne stehen Schatten,
drohend hinter jedem Baum,
die wir eine Heimat hatten,
ach, wir glauben es noch kaum.

Riesengroß erwachsen Sorgen,
drücken unser Herz in Not,
Heut' noch sind wir, aber morgen,
holt vielleicht uns schon der Tod.

Deutschland, Deutschland ist versunken
wie die Sonne hell und schwer,
ist wie sie im Meer ertrunken,
denn es gibt kein Deutschland mehr.

Aber ging sie leuchtend nieder,
sie, die ewig glänzt und schwebt,
morgen kommt bestimmt sie wieder,
Deutschland stirbt nicht, Deutschland lebt.

                                    Schulrat Schröder

Der alte Herr lebte alleine ohne Familie hier im Lager. Ob er sie verloren hatte, ist mir nicht bekannt. Er muß wohl seine Heimat sehr geliebt haben, denn bei allen Gesprächen wanderten seine Gedanken immer nach Ostpreußen. Und wenn er dem Gesanglehrer seine Erinnerungen preisgab und Geschichten erzählte, lauschten wir gespannt, denn für uns war das immer etwas Geheimnisvolles. Oft fielen die Namen Pr. Eylau und Landsberg bei der Unterhaltung.

Es waren wohl auch schreckliche Erlebnisse, die ihn bewegten, immer wieder solche Verse zu schreiben, denn ab und an stockte er nachdenklich bei der Unterhaltung, und ich hatte das Gefühl, in seinem Inneren bewege ihn etwas sehr.

Er hatte von der Luftwaffe ein Radio erhalten, welches in seinem

Arbeitszimmer stand. Wer etwas Neues erfahren wollte, durfte bei ihm auch Radio hören. Unser Lagerleiter erwirkte bei der dänischen Behörde, daß wir auch nach 20.00 Uhr die Nachrichten aus Deutschland hören konnten, denn bislang war abends jeder Ausgang für uns verboten.

Gesendet wurden die Nachrichten über einen englischen Sender. In Deutschland wurde schon wieder in vielen Fabriken gearbeitet. Auf wichtigen Strecken rollte der Zugverkehr. Berlin hatte wieder Strom. Die ersten Geschäfte wurden geöffnet, doch leider waren die Lebensmittel sehr knapp. Nach der Ernte solle auch das besser werden. Alle Kriegsverbrecher würden verhaftet, aber Hitler sei nicht aufzufinden. In der Reichskanzlei sei eine verkohlte Leiche gefunden worden, die nach eingehenden Untersuchungen keinen Zweifel daran ließe, daß es Hitler sei. Dann aber glaubte man wieder, er sei geflüchtet, denn am 2. Mai solle er noch Eva Braun geheiratet haben.

Der Krieg gegen Japan ginge weiter. Deutschland wäre von den vier Siegermächten besetzt. Westpreußen, Posen und das Sudetenland, würden von Deutschland getrennt und alle Deutschen ausgewiesen.

Über Ostpreußen und die Flüchtlinge in Dänemark gab es keine Meldungen im Radio, uns überließ man hier offensichtlich unserem Schicksal. Es galt, erst in Deutschland Ordnung zu schaffen und die Wirtschaft anzukurbeln, damit die Menschen wieder ihren Lebensunterhalt bestreiten konnten, dachten wir.

Für uns sorgten recht und schlecht die Dänen, doch es fehlte an allen Ecken und Enden. Wenn die Frauen waschen wollten, suchten wir in den Büschen nach trockenen Ästen als Brennmaterial. Die waren schnell verbrannt und die Wäsche wurde kalt gewaschen.

Auf dem Weg zum Mittagessen rissen die Leute in der Not schon Latten von alten Gartenzäunen. Wenn die Wachposten das bemerkten zeigten sie ihren Haß und schrieen: "Deutsche Schweine, alles Nazis!" Sie schossen vor uns in die Erde, daß uns die Steine um die Ohren flogen. Ohne Passierschein durften wir nicht mehr zum Essen gehen, wir hatten uns nur noch in der Nähe des Hauses aufzuhalten.

Stacheldraht sollte gezogen und auf der Straße sollten Schlagbäume montiert werden. Es geschah aber vorerst nichts. Unsere Wohnlage nahe dem Hafen, in dem auch ausländische Schiffe einliefen, verhinderte das wohl.

Der dänischen Bevölkerung war jeder Kontakt mit uns Flüchtlingen verboten worden. Man hielt uns wie Gefangene und behandelte uns auch so. Doch so manche dänische Familie zeigte sich auch von der menschlichen Seite. Besonders freundlich waren die Fischer zu uns. Wenn kein Posten in der Nähe war, kamen sie näher ans Ufer und schenkten uns ein paar Fische.

Ein junge Polin, die nach ihrer Flucht mit uns im Lager lebte, erhielt eines abends einen großen Dorsch von einem der Fischer. Anschließend durfte sie zu ihm ins Boot steigen. Er wollte uns Kindern wohl auch eine Freude machen und nahm ein paar mit hinaus auf den Belt, was natürlich die beiden Posten beobachtet hatten. Sie erkundigten sich bei den herumstehenden Leuten, warum die vielen Kinder in dem Boot säßen. Einer der beiden fand das wohl nicht so abwegig, aber der andere von ihnen, Joseph mit Namen, ein Wüterich, der schnell die Knarre in der Hand hatte und abdrückte, bedeutete dem Fischer, an Land zu kommen. Dieser hatte seinen Spaß daran und fuhr langsam weiter. Joseph zielte mit dem

144

Gewehr auf das Boot und schrie sehr laut etwas in dänischer Sprache. Danach drehte der Fischer bei und fuhr zurück ans Bollwerk. Er hatte keine Furcht vor Joseph und lachte, aber wir Kinder wurden doch ängstlich.

Das Polenmädchen wußte, daß der Joseph auch ein gebürtiger Pole war, der schon lange in Dänemark lebte.

Die Frauen riefen vom Ufer, wir Kinder sollen vom Boot steigen. Sie trauten dem Kerl zu, er würde schießen, wenn der Fischer ihn noch mehr ärgert.

Die Polen wurden von den Dänen freundlicher behandelt als die Deutschen, denn ihre Beziehungen zueinander waren auch während des Krieges nicht feindlich gewesen. Der kleine Vorfall war bald vergessen.

Mutter hatte erfahren, daß in Middelfart Suchlisten auslägen, wo man evtl. Angehörige finden könne. Sie wäre sehr gern hingegangen, denn unsere Verwandten konnten doch nicht alle tot sein, doch vorerst durften wir dort nicht hin. Vielleicht war unser Vater ja auch schon entlassen worden und suchte uns! Viele Gedanken schürten die unerträgliche Ungewißheit.

Eines Tages im Juni wurden wir in den Speisesaal zum Impfen bestellt. Kinder bis zum 14. Lebensjahr sollten gegen Diphtherie geimpft werden. Wir stellten uns in einer Reihe auf, wurden dann aber gegen Typhus geimpft. Die Spritze bekamen wir in die Brust und hatten danach Schmerzen am ganzen Körper bis in die Beine. Eine Woche später wurden wieder alle geimpft. Wir fühlten uns vom ersten Mal noch krank und sollten nach so kurzer Zeit die zweite Spritze erhalten. Mutter und auch andere, bekamen nach der Spritze eine grippeähnliche Krankheit. Wir Kinder konnten uns kaum bewegen, alles tat uns weh!

Als wir dann hörten, daß die Impfung wiederholt werden solle, versetzte uns das in panische Angst. Wir hatten alle Fieber und Herzrasen. Alle Menschen klagten über Unwohlsein. Es war ein Unding, kurz hintereinander so schwere Spritzen zu verabreichen, aber wir konnten uns nicht dagegen wehren.

Im Radio hörte ich die für uns erschütternde Nachricht, daß Ostpreußen, Schlesien und Pommern von Polen besiedelt werde.

Nun war unser schönes Ostpreußen für uns wohl für immer und ewig verloren. Sieben Millionen Menschen waren geflohen, und zwei Millionen sollten jetzt noch des Landes verwiesen werden. Die Polen haben damals reichlich Maschinen, Vieh und Getreide vorgefunden und die großen Güter aufgeteilt.

Ein Zurück gab es nun nicht mehr für uns. Wo würden wir einmal zur Ruhe kommen? Darüber wußte wohl niemand etwas. Wirre Gedanken gingen durch unsere Köpfe, wir hatten keine Vorstellung von unserer Zukunft. Wir standen am Fenster, schauten hinaus auf den Belt, die Frauen weinten.

Aufgemuntert wurden die Lagerinsassen jedoch von unserem Schulrat, der alle einlud, zukünftig an Liederabenden teilzunehmen. Mit dem Musiklehrer sangen wir die schönen Volks - und Heimat-lieder. Sie studierten immer wieder neue mit uns ein, die wir auf dem Weg zu unserer Behausung mehrstimmig sangen. Zweimal in der Woche erteilte der Schulrat Steno-Unterricht für Anfänger und mehrere Stunden wöchentlich Englisch- Unterricht für interessierte 12-18-jährige Lagerinsassen, an dem wir auch teilnahmen.

Unsere Nachbarin hatte Geburtstag, sie wurde 44 Jahre alt. Wir

146

gratulierten ihr schon alle am frühen Morgen, und sie lachte und weinte. Ihre Töchter hatten ihr immer Mut gemacht: "An deinem Geburtstag sind wir nicht mehr in Dänemark." Das war nicht in Erfüllung gegangen. Wir hatten ein paar Blumen in den Büschen am Hang gepflückt, wilde Rosen. Das war unser Geburtstagsgeschenk. Ich spürte, für sie war die Herzlichkeit wertvoller, als alle Geschenke. Abends saßen viele Leute auf dem Bollwerk am Belt und sangen Heimatlieder. Ich spielte dazu mit meiner Mundharmonika, die wieder sehr schnarrte, es war wohl letzte Kriegsqualität, aber das störte kaum jemanden.

Überall leuchteten Feuer, es war Johannisnacht. Sogar die Schiffe auf dem Belt waren beleuchtet. Am späten Abend erlebten wir noch ein riesiges Feuerwerk. Die Knallerei erinnerte uns an das Kampfgetöse auf der Flucht, und ein geistig behinderter Mann schrie immer dazwischen: "Das ist die deutsche Arie, wir müssen die Feuerwehr holen, sonst geht unsere Villa auch noch in Flammen auf!"

Unser Gesang lockte sogar dänische Zuhörer an. Um 23,oo Uhr kam ein Wachposten und forderte uns auf, ins Haus zu gehen, doch wir gingen in den großen Garten hinter dem Haus. Jemand hatte die Abfallgrube angezündet, und es brannte ein richtig kleines Feuer,"unser Johannisfeuer. Die Leute faßten sich an den Händen und tanzten in einem großen Kreis. Im Flur spielte ich noch einmal ganz laut auf der Mundharmonika und alle tanzten weiter. Dann schauten wir noch eine Zeitlang durchs Fenster in die Lichternacht, denn nach einem alten Brauch, sieht man in der Johannisnacht seinen Liebsten oder die Liebste, erzählten uns die Frauen.

Unser Gesang am Abend der Johannisnacht hatte wohl auf die

Dänen positiv gewirkt, denn die Polizisten brachten an den folgenden Tagen für uns Kinder mal ein Eis oder ein Stück Kuchen mit. Auch die Fischer warfen Fische an Land und alle waren etwas freundlicher. Sogar auf den Tischen im Speisesaal standen kleine Johannisträußchen. Es war schon rührend, denn die Blumen waren auf Anordnung der dänischen Lagerleitung geliefert worden."Ob bei uns zu Hause wohl auch noch etwas blüht oder ist dort alles zerstört?" überlegten wir.

Am Morgen des 2. Juli, gab unser Lagerleiter bekannt, daß wir unsere Angehörigen suchen dürften und die Namen der zu Suchenden mit allen Daten im Büro abgeben sollten

Wir schrieben die Namen aller Verwandten auf. Die Suchlisten sollten in alle Lager in Dänemark verschickt werden. Welch ein Hoffnungsschimmer, nun würden wir auch bald jemand finden! Oder waren alle in der Ostsee ertrunken? Wir hörten, es seien 64000 Menschen mit Schiffen untergegangen. Wie viele sonst noch auf der Flucht umgekommen sind, wußten wir nicht.

In anderen kleinen Lagern lebten Bekannte aus Nachbarorten von Tolks. So auch in Middelfart eine Frau aus Borken, deren Mann auch noch in den letzten Tagen beim Volkssturm bleiben mußte.

Mutter und unsere Nachbarin wollten sie so gern einmal besuchen und wollten dafür eine Genehmigung einholen.

Als wir am 4. Juli vom Mittagessen zurückkamen, machten einige Leute strahlende Gesichter. Danziger, Polen und alle, die nicht deutscher Abstammung waren, sollten nach Odense in ein Sammellager verlegt werden. Abends wurden die Namen der Polen aufgerufen. Sie mußten sofort packen und am Vormittag des folgenden Tages abfahren. Etwas später machten sich dann auch die Danziger zur Abreise fertig und nahmen von uns Abschied. Ob sie in absehbarer Zeit in ihre Heimat zurückdurften, blieb uns unbekannt, wie auch die Frage, ob wir alle bald in ein Sammellager müßten.

Solche Aktionen wurden immer kurzfristig in Angriff genommen und gestartet, denn dadurch wollte man Aufruhr und Verwirrung im Lager unterbinden. Abends die wenigen Habseligkeiten zusammenraffen und in der Frühe ohne große Abschiedszeremonie oder lange Gespräche das Lager verlassen.

So wurden dann des öfteren menschlich aufgebaute Kontakte und Bekanntschaften jäh abgebrochen und für immer zerstört.

Zusätzlich gab es noch eine Aufregung besonderer Art im Haus. Ein alleinstehender Mann hatte mit den Dänen Tauschgeschäfte mit Anzügen und anderen Dingen gegen Lebensmittel gemacht. Dänische Polizei und zwei englische Offiziere durchsuchten sein Zimmer und verhörten ihn. Er mußte mit ihnen gehen, weil sie vermuteten, daß er Schiebergeschäfte in großem Stil betrieb. Vielleicht befürchtete er, hungern zu müssen, denn es gab an einigen Tagen keine Brotzuteilung.

Ich blieb öfter länger beim Schulrat, um Nachrichten zu hören und etwas aus Deutschland zu erfahren. Sein Zimmer war unweit des Verpflegungsraumes. An solchen Tagen brachte ich noch sehr spät unsere Brotrationen mit, obwohl es für Jugendliche verboten war, so lange ohne Schein aus dem Lager zu gehen.

Wir jungen Burschen wagten es trotzdem, gingen nicht den vorgeschriebenen Weg, sondern hinter Büschen an einem Hang von der Rückseite in das Haus, damit der Posten uns nicht sah.

Das warme Brot schmeckte immer besonders gut. Ich erzählte,

was ich in den Nachrichten aus Deutschland gehört hatte. Mutter hatte immer Angst, die Posten würden im Dunkeln auf mich schießen.

Wenn wir den ganzen Tag am Zaun standen und wußten, "bis hier her und nicht weiter", kribbelte es in uns. Helmut und ich huschten ab und zu durch Büsche oder unter dem Bollwerk hindurch und spazierten am Strand entlang.

Im glasklaren Wasser hatten wir unter dem Bollwerk, tief unten auf dem Grund, Flundern in großen Mengen entdeckt. Angelschnüre mit Haken und Blinker fanden wir in allen Größen am Strand, denn vieles schwemmte dort an, was wir gut gebrauchen konnten.

Was in unseren Hosentaschen Platz fand, stopften wir hinein und bastelten im Zimmer allerlei Brauchbares davon. So kamen wir auch zu einer Grundangel. Irgendwoher hatten wir auch ein kleines Taschenmesser.

Vor unserer Angeltour saßen wir so lange auf den großen Steinen am Ufer, die Füße im Wasser, gleichgültig tuend, bis die Posten vorbei waren und begaben uns dann schnell unter das Bollwerk. Da fühlten wir uns wie die besten Angler der Welt. Kaum war die Schnur mit Haken und Blinker im Wasser, schoß eine Flunder wie ein Pfeil darauf zu. Es waren wohl 5 m bis unten. Wir zogen so schnell wir konnten den Fisch auf unseren dicken Holzbalken.

Mit dem kleinen Taschenmesser mußten wir ihn sofort töten, denn er wäre sonst wieder vom Balken gesprungen. In kurzer Zeit hatten wir genug Fische für zwei Familien.

Wir banden sie mit einer Schnur am Kopf zusammen, horchten noch einmal angestrengt, ob sich über uns jemand näherte und schlenderten, den Fang etwas verbergend, über die Straße.

Mutter meinte immer, es seien besonders große Exemplare. Wir erzählten ihr, daß sie da unten im Wasser wie durch ein großes Fernglas zu erkennen wären. Sie konnte sich das nicht vorstellen. Im Sonnenlicht war das Wasser wirklich glasklar.

Eines Tages hatten wir uns um den Ort herum gewagt und liefen am Strand entlang. Wir mußten durch einen kleinen Fluß waten, der dort mündete. Ein kurzes Stück weiter fingen die hohen Steilwände der Küste an. Weil so herrliches Wetter war, liefen wir weiter, die Mauersegler in der Wand beobachtend.

Sie flogen zu Hunderten vor dieser Wand mit den vielen Löchern. Dabei sammelten wir alles Brauchbare in unsere Taschen. Schließlich fanden wir noch eine Menge bunter Schnecken und kleiner Muscheln, womit die Frauen Wandschmuck und anderen Zierrat anfertigten, die an diesem Tag auch noch unsere Glücksbringer sein sollten.

Von hier aus hatten wir einen herrlichen Blick über das Wasser, hinüber nach Fredericia und hinaus zur Lille-Belt-Mündung bis zum Vejle Fjord. Auch der Schiffsverkehr war hier viel größer. Denn sehr viele Schiffe liefen den Hafen von Fredericia an.

Auf dem gleichen Weg zurück, wieder durch den kleinen Fluß, näherten wir uns der Ortschaft. Kein Mensch war außer uns beiden am Strand. Hinter dem letzten Haus mußten wir am Ende eines Gartenzaunes auf die Straße, die zu unserem Haus führte. Dort fing das Gelände unseres Lagers an. Unser Schreck war so groß, wir erstarrten fast, denn wir sahen in die Augen der beiden Polizisten, die hinter dem Zaun im Gras lagen und sich sonnten.

"Tüske Swienhund, fas Sätan, (Ihr deutschen Schweinehunde,

zum Teufel,) wo kommt ihr her?" fragte der eine und der andere grinste bis an die Ohren. Ich langte in die Taschen und sagte:" Wir haben nur bunte Schnecken gesucht." Er schaute Helmut an und fragte:" Hast du auch bunte Schnecken gesucht?" Der hatte zum Glück auch schon welche in der Hand und der Posten drohte mit dem Finger, lud sein Gewehr durch und zischte: "Ab, aber schnell!"

Helmut und ich hatten damals so blonde Haare wie viele kleine Dänenjungs. Ich glaube heute, der Posten machte sich einen Scherz daraus, wenn er uns etwas einschüchtern konnte. Unserer Mutter haben wir das erst viel später einmal erzählt, denn sie hätte uns bestimmt wieder eine anständige "Epistel" gehalten. Und Aufregung hatten wir im Lager oft genug, denn in unserem Lager befanden sich auch junge Männer, von denen man erzählte, sie wären vom Militär desertiert. Die schacherten und klauten alles, was nicht niet - und nagelfest war. Kurz vor Ende des Krieges hatten sie ihre Uniformen ausgezogen, ein wenig geistesgestört getan, waren bei den Flüchtlingen untergetaucht und sorgten nun immer für etwas Aufregung im Lager.

Abwechslung in das tägliche Einerlei brachten am 8. Juli zwei Pfarrer aus einem Lazarett in Fredericia zu uns. Ein blumen-geschmückter Tisch mit einem Kreuz ersetzte den Altar. Der kath. Pfarrer hielt für seine kleine Gemeinde im Garten einen Gottesdienst. Wer evangelischer Konfession war, sollte in den "Konzertsaal" kommen. Es war selbstverständlich, daß alle geschlossen hingingen. Zettel mit Liedern, die der Pfarrer verteilte, veranlaßten uns, kräftig mitzusingen. Er hielt eine solch rührende Rede über die Vertreibung wehrloser Menschen, daß alle schluchzten und weinten. Mit der Taufe eines Kindes, das im Lager geboren worden war und auf einem geschmückten Kissen von den Paten gehalten wurde, endete der Gottesdienst.

Am 11. Juli war eine große Sonnenfinsternis, ein neues Erlebnis für uns. Jeder suchte nach einem Stückchen Glas, um es zu verrußen und dann das Ereignis beobachten zu können. Der Mond vor der Sonne tauchte eine Zeitlang alles in ein seltsames Licht. Mutter ermahnte uns immer wieder, nicht so lange dort hinzuschauen, wir könnten uns dabei die Augen verderben.

Es war Beerenernte. Erdbeeren, Himbeeren, alles was im Garten reif war, wurde gepflückt. Wir müssen wohl "Stielaugen" gemacht haben, wenn wir zum Mittagessen gingen. Ab und zu gab uns einer der Dänen schnell ein paar Beeren über den Zaun, worauf wir uns eiligst entfernten, denn das Betteln war verboten.

Am Sonntag Ende Juli, war wieder ein Gottesdienst, bei dem uns der Pfarrer mitteilte, daß er wohl das letzte Mal zu uns käme, denn er solle nach Deutschland. Auch die deutschen Ärzte aus dem Lazarett durften zurück in die Heimat.

Eines Tages mußten wir alle zu einem Verhör und wurden auf Parteizugehörigkeit überprüft, erhielten anschließend eine Karte mit Daten, Namen und einer Nummer. "Was hatte das nun wieder zu bedeuten?" fragten wir uns. Die Dänen wollten uns wohl loswerden, aber die Engländer ließen keinen von uns in die englische Zone und in die russische Zone durften wir auch nicht. Aus Westpreußen, Pommern und Schlesien wurden alle Deutschen ausgewiesen, so hörten wir es immer wieder in den Tagesnachrichten, die über den englischen Rundfunk verbreitet wurden, oder aus Berichten dänischer Zeitungen, die irgendwie in unser Lager gelangten.

"Ostpreußen erhält zum größten Teil der Pole und das Stück oberhalb von Pr. Eylau bis zur litauischen Grenze gehört als strategische Pufferzone und Aufmarschgebiet zu Rußland." So stand es in der Zeitung.

Das überstieg unser Fassungsvermögen. Warum konnten alle in Deutschland bleiben, nur die Deutschen aus dem Osten wurden des Landes verwiesen? Was hatten wir denn nur verbrochen, wir Ostpreußen, daß man uns alle vertrieb und nicht mehr zurückließ?

Barfuß und zerlumpt liefen wir Kinder unter Bewachung wie Gefangene im fremden Land herum und den Älteren ging es nicht besser. Gott sei Dank war jetzt Sommer, was würde aber im Winter? Da müßte man uns doch Schuhe und warme Kleidung beschaffen! So hörte ich Mutter sprechen.

Anfang August durften wir nach Middelfart ins Flüchtlingslager. Mutter und unsere Nachbarin hatten Passierscheine besorgt, um die Familie aus Borken besuchen zu dürfen. Gemeinsam mit unseren Nachbarn machten wir uns auf den Weg, wanderten am Lille Belt, die schön gepflegte Gegend bewundernd, entlang und trafen nach einer Stunde dort ein. In Middelfart bestaunten wir erst einmal die große "Eierbrücke." Die Frau aus Borken wußte nichts von unserem Besuch und war sehr überrascht, freute sich sehr und achgottchen, sie begrüßten sich auf ostpreußisch Platt und schabberten, - was gab es nicht alles zu erzählen.

Mit der jüngsten Nachbarstochter schaute ich mir dann noch Middelfart an. Es war für uns ein besonders schönes Erlebnis, so frei einen solch schönen Spaziergang machen zu können. Am späten Nachmittag trafen wir wieder im Lager ein und mußten den Bekannten von unseren Eindrücken und Erlebnissen berichten.

Wie mochte es aber in Deutschland aussehen? Die Konferenz der "Großmächte," hatte vom 17. Juli bis 2. August das Schicksal Deutschlands besiegelt. Ostpreußen war ein für allemal für uns verloren. Da fragten wir uns, wo wir letztendlich einmal eine neue Heimat finden werden? Mutter legte alles in Gottes Hand. "Der hat uns bis jetzt behütet und wird es auch weiter tun!" So war Mutter nun einmal und ach, wie oft hatte sie recht.

Kurze Zeit, nachdem die amerikanischen Atombomben eine verheerende Zerstörung in Hiroshima und Nagasaki anrichteten, hat auch Japan kapituliert. Die Sowjetunion hatte am 9. August Japan auch noch den Krieg erklärt; aber nun war Frieden auf der Welt.

Ins Lager kamen Soldaten der Heilsarmee und sangen für uns viele schöne Lieder. Sie verteilten Obst an die Kinder.

Mitte August wurde uns mitgeteilt, wir dürften eine Postkarte mit 25 Wörtern nach Deutschland schicken. Wir konnten aber mit der verwischten Anschrift der Leute des Klosterortes aber nicht viel anfangen und somit auch keine Post abschicken. Mutter war sehr bedrückt.

Am 19.8. verabschiedete sich der Soldatenpfarrer nach dem Gottesdienst von uns. Er durfte auch nach Deutschland fahren. Für uns war es immer ein jammervolles Gefühl, wenn sich Leute verabschiedeten, und wir mußten zurückbleiben.

Besonders bedrückend waren die Sonntage, denn der beengte Aufenthalt mit so vielen Menschen in einem Raum führte die Gespräche unweigerlich zu dem Thema "Flucht, Heimat, Tolks und wo steckten nur die Männer. Lebten sie noch? Was wird aus uns, wenn sie verschleppt oder tot sind?"

Der 20. August war ein herrlich sonniger Tag, den wir gut gelaunt hinter dem Haus auf dem Rasen verbrachten, als wie aus heiterem Himmel ein dänisches Ärzteteam mit ein paar Krankenschwestern auftauchte und uns erklärte, wir müßten geimpft werden. Sämtliche Lagerinsassen sollten sich in zwei Reihen aufstellen, den Oberkörper frei machen. Wir bekamen wieder eine Spritze in die Brust.

Danach waren wir alle krank und lagen mit Fieber im Strohlager. Zu oft wurden wir mit diesen starken Spritzen gequält und wußten nicht einmal, wofür oder wogegen.

Bald darauf inspizierte ein dänischer Lagerleiter unsere Räume und sorgte für neues Stroh in unseren Betten. Zum Teil erhielten wir sogar eiserne Bettgestelle. In den Abendstunden durften wir ab sofort elektrisches Licht anmachen. Bei Überschreitung der vorgeschriebenen Zeit, brüllte der Posten auf der Straße und sofort gingen alle Lichter aus. Wir konnten das besonders gut beobachten, weil sich die erhellten Fenster im Wasser des Lille Belt widerspiegelten.

Wer dann noch im Dunkeln zum Bretterklo wollte, das hinter dem Haus auf der Wiese stand, mußte damit rechnen, vom Posten mit der Taschenlampe angeleuchtet zu werden.

Es wurde sogar eine Leuchtkugel hochgeschossen, damit alles genau überblickt werden konnte, Junge Mädchen hatten versucht, abends im Dunkeln aus dem Lager zu gelangen. Sie hatten sich heimlich mit dänischen Burschen verabredet, waren geschnappt und ein paar Tage eingesperrt worden. Nachdem sie frei waren, versuchte man sie mit der Drohung einer Abschiebung in ein anderes Lager einzuschüchtern. Wir waren gefangene "Nazis", nicht Vertriebene oder Flüchtlinge, und hatten uns zu fügen.

156

Am 16. September wurde ich 14 Jahre alt und wurde im Lager anders eingestuft, denn ab 14 hatte jeder schon ein paar Pflichten zu übernehmen und erhielt eine andere Essenration.

Entweder wollten uns die Dänen kaputtmachen oder sie benutzten uns für medizinische Versuchszwecke, denn am 18. September stand uns schon wieder eine Impfung bevor. Was sollte das nur? Wir wurden ungehalten, aber es half nichts, wir mußten es über uns ergehen lassen und lagen erneut darnieder.

Ab jetzt erhielt jeder am Ausgang des Lagers vom Wachpersonal einen Passierschein und auf dem Rückweg sollten die Scheine abgegeben werden. Wenn aber niemand im Wachhäuschen war, gingen die Leute einfach vorbei. Abends kamen die Posten ins Haus, sammelten die Scheine ein und fluchten auf die "deutschen Nazischweine." Irgendwann waren Scheine verlorengegangen. Nun wurden morgens um 5.30 Uhr alle Zimmer durchsucht. Sofort sollten wir die Scheine abgeben oder zur Strafe gäbe es kein Mittagessen. Es fehlten mindestens 15 Stück, die sie unbedingt wiederhaben wollten. Schlaftrunken versuchte Mutter ihnen zu erklären, daß wir unsere Passierscheine abgegeben hätten, sie glaubten ihr und ließen uns in Ruhe. Der Verwalter des Hauses traf dann nach Rücksprache mit der Lagerleitung eine Neuregelung mit den Polizisten und ab jetzt durften wir wieder, ohne uns an-und abzumelden, zum Essen gehen. Um uns einzuschüchtern, dachten sich die Wachleute immer neue Gemeinheiten aus.

Sie liefen um das Haus und ballerten in die Luft, als ob sie Räuber und Gendarm spielten, oder hielten Leute an, die sich abends draußen bewegten, schrieen: "Stehenbleiben" und schossen in die Luft. Wir wußten nicht ob es Spaß sein sollte oder Schikane. Es war einfach deprimierend.

Eines Tages im September, vergaßen wir einmal wieder, daß wir Gefangene waren, denn im Konzertsaal wurden Theaterstücke aufgeführt und anschließend wurde gesungen und getanzt.

Am folgenden Tag verkündete der Lagerleiter, daß alle, die in Westdeutschland beheimatet wären, oder bei Verwandten unterkommen könnten, laut Beschluß der Alliierten, nach Deutschland fahren dürften. Unsere Nachbarn waren überglücklich. Sie wußten nicht, ob ihre Tante Marie lebte, meldeten sich aber dennoch an. Das Angebot wollten sie sich nicht entgehen lassen.

Mutter und wir Kinder waren traurig, denn wir hatten wieder kein Glück, teilten aber die Freude mit den Nachbarn und hofften, auch bald fahren zu dürfen. Man könnte uns ja nicht ewig festhalten. Wir konnten nicht einschlafen, in Gedanken waren wir schon auf der Reise und sprachen die halbe Nacht lang über Deutschland. Wir überlegten, was auf uns zukommen könnte, wenn wir im Westen Deutschlands sind. Den Menschen ging es dort ja auch noch nicht so gut, aber wir alle hatten solche Sehnsucht nach Deutschland und legten alles in Gottes Hände.

Unsere kleine Gretel hatte am 29. September Geburtstag und wurde 4 Jahre alt. Jeder nahm sie in den Arm und hatte auch ein kleines Geschenk für sie. Für Gretel war es ein schöner Tag, denn alle hatten besonders viel Zeit für sie.

Ein Erntefest sollte gefeiert werden, aber unsere Stimmung war alles andere als festlich. Wir warteten an diesem Samstag bis abends auf Brot, aber der Bäcker kam nicht. Vermutlich hatten die Dänen so viele Vorbereitungen zu ihrem Erntefest zu treffen, daß sie darüber hinaus die gefangenen "Nazis" völlig vergaßen. Erst am

Montag erhielten wir jeder drei Schnitten Schwarzbrot. Danach gab es die ganze Woche nur noch Mittagessen. So etwas heizte natürlich die Gemüter der Frauen an und schaffte Gesprächsstoff mit unmöglichen Vorstellungen. Etwas dagegen tun konnten wir nicht, denn jede Beschwerde wurde ignoriert.

Das bedrückende Lagerleben bereicherte ab jetzt hin und wieder unser Schulrat mit einer Andacht, einem Gottesdienst, der immer gut besucht wurde.

Wir Kinder übten in der Schule ein Theaterstück ein, und am 7.10. war bei uns im Bahnhofsgebäude die erste Aufführung des Märchens "Schneeweißchen und Rosenrot." Mit schönen Heimatliedern beendeten wir die Vorführung. Ein Lagerinsasse machte auf seinem alten Schifferklavier ein wenig Tanzmusik. So kam eine fröhliche Stimmung auf. Zwei Polizisten betraten das Haus und beendeten das fröhliche Beisammensein mit dem Befehl:"Hier wird nicht getanzt, sofort aufhören." Der Akkordeonspieler fing nach einer Weile wieder an zu spielen, und wir verhielten uns etwas leiser. Die Posten gingen öfter etwas zu weit mit ihren Schikanen, aber sie haßten wohl die Deutschen.

Eines Tages brach sich unsere Gretel beim Spielen das Schlüsselbein und mußte zum Arzt. Sie bekam eine große Bandage über Brust und Schulter, durfte den Arm nicht bewegen und so heilte es auch bald wieder.

Damit war die Unglückssträhne aber noch nicht beendet. Wir jungen Burschen spielten Schlagball. Unser Helmut warf den Schlagknüppel so unglücklich zur Seite, daß er mir damit den linken Ellenbogen zertrümmerte. So mußte ich dann auch zu einem Doktor, der lange an meinem Arm herum fühlte und feststellte, daß im

Gelenk etwas gebrochen und verschoben war. Mit einem elastischen Verband, den Arm in einer Binde tragend, kam ich vom Arzt. Nach einiger Zeit war der Arm vollkommen steif, ich konnte ihn nicht mehr durchbiegen. Schmerzende Bewegungsübungen, die ich sehr lange ausführen mußte, führten dazu, daß ich den Arm wieder leicht, aber nicht richtig gerade ausstrecken konnte. Der gebrochene Knochen war schief verheilt und "sperrte" im Ellenbogen.

Am 26. Oktober wurden wir nochmals in den linken Oberarm geimpft. Sollte keine Schwellung auftreten, hätten wir das zu melden und dann würde die Impfung wiederholt.

Unsere Gertrud hatte am 27.10. Geburtstag, sie wurde 9 Jahre alt. Mutter´s vierzigster Geburtstag war am 29. Oktober. Wir fühlten uns von der Spritze, vor der wir jedesmal panische Angst hatten, nicht wohl, und die Geburtstagsstimmung war daher auch entsprechend schlecht.

Ende Oktober wurde es schon recht herbstlich. Am Reformationstag kam ein Pfarrer aus einem größeren Lager und lud uns alle zu einem Gottesdienst ein.

Die Tage wurden kühler. Wir brauchten Holz oder irgend ein Heizmaterial, um den Ofen anzuheizen. Der Wind heulte oft recht kalt über den Belt. Dann hatten die großen Wellen Schaumkronen, rauschten mit einer Wucht gegen die Hafenmole und ans Ufer, daß das Wasser hoch aufspritzte und vor unserem Hauseingang eine große Pfütze hinterließ.

Ein junger Mann aus unserem Haus hatte den Lagerleiter beschimpft und beleidigt, daß er zur Strafe in ein anderes Lager verlegt wurde. So sollte es zukünftig allen ergehen, die sich gegen die Lagerleitung auflehnten. Seine Mutter und die Geschwister wußten nicht einmal, wohin der Junge gebracht wurde.

Der 9. November 1945 begann mit einem Sturm, der wie ein Orkan über den Bellt brüllte. Das Wasser trat über das Ufer und stand vor der Treppe unseres Hauses. Die Straße war überschwemmt. Wir mußten im Haus bleiben. Seit 50 Jahren war das nicht mehr vorgekommen, wußten die Leute zu erzählen. Am nächsten Tag ging das Wasser etwas zurück, aber der Sturm heulte und tobte weiter, so daß die Schiffe im Hafen Schutz suchten, und dieser noch nie so voll war, wie an diesen Tagen.

Endlich kam ein Fahrzeug mit Brennmaterial an unser Haus. Holz und Torf wurden uns zugeteilt. Wir konnten das ausgekühlte Zimmer einmal durchheizen. Die Fenster waren undicht und der Wind pfiff durch alle Ritzen. "Wir werden wohl eine kalte Weihnacht erleben", meinten die Leute, "in sechs Wochen ist es schon so weit."

Unter der Anleitung eines älteren Herrn fertigten wir in einer Bastelstube Spielzeuge für die kleinen Kinder im Lager an. Junge Frauen und Mädchen waren dort fleißig beim Nähen und Werkeln, denn es sollte jedes Kind eine Kleinigkeit zum Weihnachtsfest erhalten. Da wurde gesägt und genagelt, zusammengeleimt und gepinselt. Ich schnitzte tagelang Schachfiguren.

Am Totensonntag, den 21. November, wurden beim Gottesdienst die Namen aller hier im Lager Verstorbenen verlesen. Zu unserer Verwunderung waren es sehr viele, die jetzt in fremder Erde ihre letzte Ruhe gefunden hatten. Unsere Hoffnung, so schnell wie möglich dieses Land zu verlassen, schwand mehr und mehr.

Eines Tages wurden Steppdecken aus Kreppapier an alle Flüchtlinge verteilt, weil der Winter vor der Tür stand, und wir nicht frieren sollten. Abends war erstes "Probeschlafen" unter den

Steppdecken. Ohne sich anzuschmiegen, lagen sie steif wie ein Brett auf unserem Körper. Wir glaubten, sie würden uns niemals wärmen, obwohl sie innen mit einer Steppwatteeinlage versehen waren. Mit der Zeit wurden sie elastischer, schmiegten sich an den Seiten richtig an, und wir fühlten, wie sie die Wärme speicherten. Am Tage wurden sie zurückgeschlagen, pfleglich geschont, und abends wenn wir uns zur Ruhe legten, sagte jemand den Vers von den lieben Gänschen, die im Stroh rascheln.

Die Adventzeit nahte und die Frauen überlegten, woraus sie einen Advents-Kranz machen könnten. Aus allerlei dünnen Zweigen, Gräsern und roten Schleifen hatten sie den dann bald fertig. Einen Ständer mit einem Kreuzfuß schnitzte ich mit dem Taschenmesser. Nur die Kerzen mußten wir noch beschaffen.

Unser täglicher Gang zum Speisesaal führte uns am Garten des Hauses vorbei, das die dänische Familie Sönnigsen bewohnte. Oft stand eine junge Frau am Fenster und lächelte ein wenig, wenn wir bei ihr vorbeigingen. Eines Tages schlenderten Helmut und ich etwas hinter allen anderen her. Da stand sie wieder, bedeutete uns durch Winken mit der Hand, doch etwas näher zu kommen. Wir stutzten, sprangen aber ganz schnell über den Gartenzaun und waren sofort unter dem Fenster. Sie hatte es schon einen Spalt geöffnet und sagte in sehr gutem Deutsch: "Kommt doch morgen abend, wenn es dunkel wird, von hinten in den Garten." Darauf schloß sie das Fenster. Im Zimmer erzählten wir von der freundlichen Frau und unsere Mutter bekam wieder Angst. Sie meinte:" Kinder, macht das nur nicht, wenn euch die Posten erwischen, sperren sie euch und die Frau Sönnigsen ein."

Den kommenden Nachmittag hielten wir uns recht lange im

162

Freien auf und beobachteten heimlich die Posten. Sie machten sehr selten eine Runde und es dauerte lange, bis wieder jemand von ihnen vorbeikam. Es müßte also klappen.

Gelangweilt standen wir abwartend am Wasser, bis die Posten an uns vorbeigegangen waren und uns nicht mehr sehen konnten. Jetzt sausten wir los in Richtung Sönnigsen. Kaum standen wir hinter dem Haus im Garten, ging auch schon die Tür auf.

Die junge Frau bat uns hinein, machte jedoch das Licht nicht an, sprach ein paar freundliche Worte zu uns und rief ihre Eltern aus einem anderen Zimmer. Die beiden lächelten freundlich und gaben uns die Hand, fragten in gebrochenem deutsch, wie es uns und unserer Mutter hier ginge.

Sie hörten aufmerksam zu, als wir in kurzen Sätzen von unserem Schicksal erzählten. Eiligst holte die junge Frau aus einem Raum drei Päckchen, (eins davon war sehr groß), drückte sie uns unter den Arm und sagte:" Bitte, erzählt nicht, daß ihr hier gewesen seid und paßt auf, daß euch nicht der Posten sieht. Wenn ich einmal wieder winke, dann kommt genau wie heute zu mir, aber paßt bitte auf. So, und nun schnell. Auf wiedersehen!" und wir standen draußen.

Eilig schlichen wir bis zum Zaun an unserem Lager und lauschten erst einmal. Schritte konnten wir nicht wahrnehmen, nur hinter dem Haus unterhielten sich zwei Frauen. Wir huschten durch die Eingangstür und schnell in unser Zimmer. Mutter und alle anderen hätten uns im Halbdunkel am Wasser kommen sehen und Angst um uns gehabt, aber als wir dann angelaufen kamen, hätten sie sich gefreut. Sofort machten wir die Pakete auf und staunten, was da alles zum Vorschein kam: Weihnachtskerzen, Äpfel, Kuchen,

Strümpfe, Pullover, Handschuhe, Schals, Mützen und ein kleines Mäntelchen für unsere Gretel.

Wir verteilten Äpfel und Kuchen, und welche Freude, wir hatten Kerzen für unseren Adventskranz. Nun mußten wir erzählen, was die Dänen gesagt hatten, und gleich darauf gab es freudige Aufregung, als wir sagten, daß wir einmal wiederkommen sollten.

Unsere Mitbewohner erhielten aus einem Lager in Kopenhagen die Nachricht, daß dort eine Tante von ihnen lebt. Sie freuten sich, endlich ein Lebenszeichen von einem Verwandten erhalten zu haben. Am Tag darauf erhielten die Mädchen von der Lagerleitung ein Paar passende Lederschuhe geschenkt, die schon gebraucht, aber noch sehr gut waren. Die Dänen hatten getragene Bekleidungsstücke für die Deutschen gesammelt und nun hofften alle, bei der Zuteilung etwas zu erhalten. So mancher erhielt auch ein brauchbares Stück, aber es reichte nicht für alle.

Im Radio hörten wir, es gäbe Weihnachtsgebäck und Süßigkeiten für die Kinder zu Weihnachten, aber auch die Erwachsenen sollten nicht vergessen werden. An drei Tagen in der Woche betätigte ich mich in der Bastelstube, und in den 14 Tagen vor Weihnachten übten wir noch ein Krippenspiel ein.

Auf dem Rückweg von der Schule gingen Helmut und ich, immer möglichst unauffällig tuend, an Sönnigsens Gartenzaun entlang, um ja nicht die junge Frau zu verpassen. Es war schon in der Woche vor dem Fest, als sich etwas hinter der Gardine bewegte. Wir nickten ihr mit dem Kopf zu und gingen schnell weiter, berichteten Mutter erst einmal von unserer Beobachtung. Die Zeit bis zum Abend verging unendlich langsam, aber das lag wohl daran, daß wir etwas kribbelig und aufgeregt waren. Gespannt standen wir am Fenster und warteten, bis die Posten vorbeigegangen waren, liefen schnell die Treppe hinunter, um dann aber langsam und unauffällig über die Straße zum Strand zu gehen.

Als wir an Sönnigsens Garten ankamen, stand die Frau schon in der Tür und empfing uns mit ihrem Lächeln. Sie führte uns etwas weiter in das Haus. Die Rollos waren herabgezogen. Wir mußten Platz nehmen, und die alten Leute kamen wieder, um uns zu begrüßen.

Die "Oma" strich Helmut ein paar mal über die blonden Haare und lächelte. "Opa" sagte nicht sehr viel. Ihre Tochter hatte für jeden von uns ein Paket geschnürt, einen Ilex und einen Tannenzweig eingebunden und sagte uns, daß sie etwas Angst hätte. Sie wüßte, es wäre für uns und auch für sie verboten, so etwas zu tun, aber die Sachen hätte sie schon lange für uns aufbewahrt und glaubte, uns eine kleine Freude damit machen zu können. Wir brauchten doch für den Winter etwas Warmes zum Anziehen. Für unsere Geschwister wäre auch etwas dabei, und für Mutter hätten sie eine Wolljacke eingepackt. Sie wollten auch ihr eine Freude machen. Vorsichtig sollten wir sein, wenn wir zurück gingen und in der nächsten Zeit nicht wiederkommen, denn sie würden von allen Seiten beobachtet. Sie wünschten uns ein schönes Weihnachtsfest, drückten uns die Pakete in den Arm, wir bedankten uns und standen draußen.

Bis in unser Haus kamen wir ungesehen, denn draußen war niemand, aber auf der Treppe im Flur stand der geistesgestörte Erwin, der hier im Haus bei seinen Eltern lebte.

"Was habt ihr da denn, wo habt ihr das her?" Wir bekamen einen leichten Schreck. Erwin war 30 Jahre alt, stand breitbeinig auf der

Stufe und wollte uns nicht vorbeilassen.

Ich sagte: "Na, Erwin, nun laß uns schon vorbei." Er schrie auf Plattdeutsch, daß es durch den Flur schallte: "Ju Krete, ek war ju helpe, datt hebb ju doch jeklaut." "Nein," sagten wir, "das haben wir vom Lagerleiter bekommen." Im Dachgeschoß, wo er wohnte, stand seine ältere Schwester in der Tür und redete auf ihn ein. "Nun laß doch mal die Kinder in Ruhe!" Auf sie hörte er. Langsam ging er nach oben und drohte uns. "Ek war ju helpe, dat mok ju nich noch enmol." Schnell verschwanden wir in unserem Zimmer und waren gerettet. Der Kerl hatte unheimliche Kräfte und wenn er uns einmal erwischte, drehte er uns den Arm um, bis wir heulten. Dann freute er sich und lachte, eben wie ein Irrer. Teilnahmslos stand er oft da, und wir Kinder machten einen Bogen um ihn, aber manchmal schnappte er doch einen von uns, weil wir ihn auch mal hänselten.

Mutter machte die Pakete auf und alle staunten, hielten alles hoch und befühlten es. Es waren ja noch so schöne Sachen dabei, die hatte doch noch keiner getragen. Auch Mutter´s Jacke sah neu aus. Es war eine Freude. Mutter packte alles wieder ein: "Das gibt es erst am Weihnachtsabend", sagte sie. "Ja", meinten die anderen, "jetzt fehlt nur noch der Weihnachtsbaum." Sie sahen mich an und meinten, hier in der Nähe noch keine Tannen gesehen zu haben. Dabei fiel mir ein, daß ich schon kleine Tannen gesehen hätte, aber es war nicht einfach, dort eine wegzuholen.

Am 20. Dezember erhielten wir jeder eine Sonderzuteilung an Zucker, der in der großen Küche eingespart und jetzt zum Fest an uns verteilt wurde. Mutter machte Zuckergebäck für uns alle und hob den Rest für später auf.

Es war an der Zeit, ein Bäumchen zu besorgen. Ich wußte, daß an einem Hang hinter unserem Lagergelände, der mit Sträuchern bewachsen war, auch ein paar Tannenbäumchen dazwischen standen. Helmut und ich zwängten uns durch den Drahtzaun, verschwanden in den Büschen und fanden auch eins, das uns gefiel. Leider hatten wir nur ein kleines Taschenmesser, mit dem wir so lange an dem Stamm kerbten, bis er ab war, scharrten alles mit Laub zu und schlichen wieder bis zum Zaun.

Es ging alles sehr gut und auch im Haus war niemand auf der Treppe. Alle begutachteten den Baum und meinten, er wäre sehr schön gewachsen, aber nun fing das Problem erst an: wir hatten keinen "Fuß" dafür.

Als mir einfiel, daß am Strand viele flachen Steine liegen, die ein Loch haben, war das eine gute Idee. Wir fanden auch einen, der dafür geeignet war. Das Stammende wurde noch etwas angespitzt, da stand er nun und wollte geschmückt werden. Kerzen hatten wir von Frau Sönnigsen, aber wie wollten wir sie nun am Baum befestigen?

Dünner Draht aus unserem Bastelraum wurde schneckenförmig passend um die Kerzen gebogen und an den stärkeren Ästen des Bäumchens befestigt. Aus gesammeltem Silberpapier schnitten wir schmale Streifen und schmückten damit, jeden Faden in kleinen Abständen anhängend, den Baum. Zuckerbackwerk und selbstgebastelter Schmuck aus Pappe, bunt bemalt, vervollständigte den Weihnachtsbaum. Auch die Frauen aus dem Nachbarzimmer freuten sich über den Hauch von Weihnachten in unserem Raum.

Am 4. Adventsonntag, dem 23. Dezember, fand im Konzertsaal die Weihnachtsfeier statt, zu der wir eine Bühne aufgebaut hatten, auf der unser Krippenspiel aufgeführt werden sollte. Ein großer Weihnachtsbaum mit Kerzen, Kugeln und Papiersternen stand daneben. Ich dachte, unser kleiner sei genau so schön.

Schulrat Schröder hielt eine Ansprache, erinnerte an die schönen Festtage in unserer Heimat und bedankte sich bei Herrn Junk und dem dänischen Lagerleiter Herrn Tögersen für die viele Mühe, die sie gehabt hätten, damit die Feier stattfinden konnte. Anschließend ergriff Herr Tögersen das Wort. Er wünschte uns trotz aller Trübsal eine frohe Weihnacht, denn allen wäre es wohl sehr schwer ums Herz, aber die Kinder sollten auch hier in Dänemark eine frohe Weihnacht erleben. Er betonte, daß die ältere Generation sehr viel Schuld auf sich geladen hätte. Wenn er mit der dänischen Bevölkerung spräche, höre er immer wieder, was doch die Deutschen für schlechte Menschen seien. Es würde wohl noch 20 oder 30 Jahre dauern, bis dieser Makel vom deutschen Volk genommen würde.

Dann sprach unser deutsche Lagerleiter Herr Junk. Er war ein alter Parteimann der NSDAP, ihm fielen die Worte nach der vorwurfsvollen Rede von Herrn Tögersen doch sehr schwer. Er stockte, fand keine Worte mehr und brach in Tränen aus.

Jetzt waren wir Kinder an der Reihe. Ein paar Weihnachtsmärchen wurden aufgeführt und dann auch unser Krippenspiel.

Ein Chor der Flüchtlinge sang mit uns allen die schönen Weihnachtslieder. Alle waren sehr traurig und viele weinten, als wir nach Hause gingen.

Es war Heiligabend, der 24.12.1945. Morgens um 8 Uhr holten wir schon unsere Brotzuteilung für die Feiertage ab. Wir erhielten alle die doppelte Menge an Margarine, Wurst und Käse.

168

Um 16.30 Uhr fand für alle eine Weihnachtsbescherung im Konzertsaal statt, der vom Lichterglanz des großen Tannenbaumes festlich erstrahlte. Einleitend sangen wir gemeinsam ein paar Weihnachtslieder, und dann sagten Schulkinder Gedichte auf. Nach einer Ansprache des Lagerleiters Herrn Junk, kam der Weihnachtsmann mit weißem Bart und rotem Mantel und verteilte die gebastelten Geschenke an die Kleinen, die alles mit staunend strahlenden Augen in Empfang nahmen.

Zum Abschluß erhielten auch alle Erwachsenen eine Tüte mit Gebäck und 2 Äpfeln. Ein Pfarrer hatte für jeden Konfirmanden ein kleines Buch mitgebracht, das uns der Schulrat überreichte. Alle Mädchen freuten sich sehr, als ihnen der Pfarrer ein dunkelblaues Kleid zum Geschenk machte.

Gleich nach der Bescherung betrat der dänische Lagerleiter mit zwei Posten den Saal. Sie stellten sich vor die Bühne und sangen zu unser aller Verwunderung mit den Kindern das schöne Weihnachtslied "Stille Nacht, heilige Nacht". Die Kinder waren so aufgeregt und lebhaft vor Freude über ihre Spielsachen, daß das Essen vollkommen Nebensache wurde.

In unserem Zimmer wurde es später auch noch recht feierlich. Da strahlten nicht nur die 8 Kerzen von Sönnigsens an unserem Tannenbaum, den wir wohlweislich nicht vor ein Fenster gestellt hatten, es hätte schief ausgehen können, sondern auch wir alle strahlten beim Pakete auspacken.

Das war unser Weihnachten in Dänemark, weit von zu Hause am Lille Belt, in Strib, auf der Insel Fünen. Die Zimmernachbarn kamen mit ihren Kindern auch zu uns, um den kleinen Weih-nachtsbaum zu bewundern. Mutter stimmte auch noch ein paar unserer schönen Weihnachtslieder an, die wir alle mitsangen, aber es wurde nur ein besinnlicher Abend. Die Frauen verfielen wieder in Heimwehstimmung, wie immer an solchen Tagen, wenn alle im Zimmer beieinander saßen und erzählten.

Mit einem Gottesdienst in der dänischen Kirche sollte der erste Weihnachtstag für uns beginnen, aber er wurde abgesagt, und die Andacht mit einer Kindtaufe fand im großen Saal statt. Eine Überraschung hatte dann noch unser Hausältester, Herr Fischer, für uns. Er überreichte uns eine Bescheinigung für zwei Wolldecken und einen Spiegel, der im Zimmer so an die Wand gehängt wurde, daß auch jeder einmal hereinschauen konnte.

Als Weihnachtsüberraschung erhielten wir die Erlaubnis, bis abends um 19.00 Uhr alle Flüchtlinge im Ort, die in anderen Häusern untergebracht waren, besuchen zu dürfen

Unsere Gedanken waren an den Feiertagen oft weit weg. Mutter grübelte und sprach von Oma, machte sich quälende Vorwürfe. Tausend Gedanken gingen durch ihren Kopf. Wie konnten wir sie nur einfach loslassen und wegfahren. Sie hatte doch nichts mehr und wußte auch nicht, wo sie uns je finden könnte. Wer kümmert sich schon um so eine alte Frau. Bestimmt ist sie irgendwo erfroren, oder elendig verhungert und gestorben. Mutter zerbrach fast daran. Nach solchen Gesprächen schwieg sie immer sehr lange, betete und schöpfte dadurch wohl wieder neue Kraft.

Welch großes Glück hatten wir andern doch alle in der schrecklichen Zeit gehabt, wo doch so viele sterben mußten. Wenn unser Vater wenigstens noch am Leben wäre, und wir ihn eines Tages finden würden, dann hätte ja doch noch alles einen Sinn, und wir wüßten, daß wir auch wieder nach Deutschland kämen.

170

Die schönen Wintersachen von Sönnigsen verteilte Mutter so, wie sie jedem von uns paßten, und somit wurden wir alle reichlich beschenkt. Weihnachten in der Fremde war vorbei.

Eine Andacht zum Jahresabschluß erinnerte uns rückblickend an die schlimme Zeit der vergangenen Monate, und mit Salutschüssen, Leuchtraketen und Sirenengeheul endete das schreckliche Schicksalsjahr 1945. Ob wir nun froh darüber waren oder traurig, weiß ich nicht zu sagen, uns hatte es so viel Schreckliches und Kummer gebracht, es konnte getrost zu Ende gehen.

Um 24.00 Uhr waren wir jungen Leute noch draußen, klopften an die Fensterscheiben, wünschten allen im Haus ein frohes neues Jahr und schauten zu, wie sich das Feuerwerk im Wasser widerspiegelte.

Der erste Januar verlief um so stiller. Das neue Jahr kam wie auf leisen Sohlen, als ob es sagen wollte: "Der schreckliche Sturm ist nun vorbei, wir wollen erst einmal alle ausruhen." Die Älteren unterhielten sich über Vergangenes und stellten die Frage, was wohl 1946 mit uns geschehen werde? Sie diskutierten über Deutschlands Zukunft und hätten zu gerne gewußt, wann die Siegermächte an die Flüchtlinge in Dänemark denken werden. Ein Briefwechsel mit Verwandten in Deutschland war für die allermeisten von uns noch nicht hergestellt, und das Wenige, was wir erfuhren, wußten wir nur aus den Nachrichten. Jeder wartete sehnsüchtig auf ein Lebenszeichen eines lieben Menschen. Post erhielten allenfalls einige aus einem anderen Lager in Dänemark, und Mutter kannte von niemand eine Anschrift.

Am 3. Januar war es mit unserer großen Ruhe zu Ende. Wir sollten erneut zum Impfen erscheinen. Sofort war Aufruhr im Lager.

"Wogegen denn jetzt schon wieder?" fragten wir und bekamen keine Antwort darauf. Wir hörten nichts von einer Seuche oder schlimmen Krankheiten. Sollten wir wohl Versuchsobjekte für neue Medikamente sein? Eine Krankenschwester desinfizierte mit einem Wattebausch eine kleine Stelle Oberarm, und mit einem pistolenartigen Gerät wurde das Serum in den Arm geschossen. Die Frauen wurden argwöhnisch und wehrten sich.

Alle Personen, die jemand in einem anderen Lager gefunden hätten und zu ihnen wollten, sollten sich melden. Fast die Hälfte der Lagerinsassen glaubte, es tut sich etwas. Aber bis auf den ersten Schneefall, der bald wieder wegtaute, weil die Luft noch sehr milde war, geschah erst einmal noch nichts Wesentliches. Doch bald fegte ein eisiger Wind über das Wasser und es wurde kälter. Das war Grund genug für die Frauen, mit dem Torf sparsamer umzugehen, denn wer wußte schon, wie lange der Vorrat reichen sollte, und wie kalt und lang der Winter wird.

Ein dänisches Ehepaar von der Inneren Mission, das vor kurzem in Deutschland war, hielt am 21. Januar eine Andacht und sprach den Frauen sehr viel Trost zu, um sie etwas aufzumuntern und ihnen Hoffnung auf die baldige Rückkehr nach Deutschland zu geben. Hoffnung machte uns auch der Dänische Lagerleiter Herr Tögernsen. Er versprach uns, Bücher und einige Musikinstrumente zu beschaffen, um das Lagerleben kulturell vielseitiger zu gestalten. Es gab bisher nur ein paar Zeitungen, die von einem zum anderen weitergereicht wurden, in denen aber doch außer Tagesnachrichten auch etwas über Flüchtlinge in Dänemark und- für uns besonders von Interesse - vieles über Deutschland stand.

Er hatte auch mit einem Minister über den Verbleib der deutschen

Flüchtlinge hier im Lande gesprochen. "Darüber bestimmen ganz allein die Alliierten", erklärte er uns. Ab 1. Februar sollten die Verpflegungsmengen bemessen nach Kalorien, 2500 pro Person, zugeteilt werden. Nach Deutschland kämen alle wieder zurück, aber dafür bräuchte man einen Versorgungs- und Wohnungsnachweis aus Deutschland. "Dann müssen wir wohl noch eine Weile hier ausharren," sagte Mutter.

Erneut lief eine Suchaktion an, bei der jeder eine Person suchen durfte. Zwei Frauen fanden auch kurz darauf ihre Männer in Deutschland. Die Männer hatten ihre Frauen über das Dänische Rote-Kreuz gesucht und dann über das Genfer Rote-Kreuz eine Karte mit 25 Worten geschickt. Das waren ganz neue Aspekte, die erst einmal Gesprächsstoff gaben. Unser Vater würde es wohl auch auf diese Weise versuchen, und so hatten wir lange Zeit wieder große Hoffnung. Vaters Geburtstag war am 25. Januar, und Mutter hatte das Gefühl, er meldet sich auch noch.

Wir erfuhren am 25.1., daß aus dem Bahnhofsgebäude, in dem wir wohnten, 77 Personen in ein anderes Lager versetzt werden sollten. Wohin aber die Reise gehen sollte, blieb erst einmal ein Geheimnis. Die beiden Lagerleiter inspizierten unsere Räume, schrieben die Personenzahlen auf. Mutter machte die Herren darauf aufmerksam, daß wir mit unseren Tolkser Nachbarn zusammen- bleiben möchten. Egal, wo wir auch hinkommen.

Am Sonntag, den 27. Januar, meldete Herr Fischer: "Es darf niemand alleine aus dem Lager gehen, der Gottesdienst ist von 10.00 Uhr auf 12.00 Uhr verschoben, alle sollen geschlossen erscheinen." Im Konzertsaal war eine ungewöhnlich bedrückende Stille. Nach längerem Warten, sagte unser Lagerleiter: "Der Gottesdienst ist von der dänischen Lagerleitung verboten worden und findet nicht statt, wir sollen wieder geschlossen zurück ins Lager gehen."

An der Lagerabsperrung stand Herr Tögernsen breitbeinig auf der Straße und schrie uns an, wir wären undankbare Geschöpfe. Er glaube auch, was wir früher im KZ mit anderen Menschen gemacht hätten. Ohne Posten dürften wir uns nicht mehr frei bewegen, Geschenke und Gottes Wort hätten wir nicht verdient. Er befahl den Posten von der Schußwaffe Gebrauch zu machen, wenn wir die Anweisungen nicht befolgten.

Wir waren sehr verwundert, hatten keine Schuldgefühle und konnten uns nicht vorstellen, welches große "Verbrechen" wir begangen hätten. Selbst unser Lagerleiter Herr Junk wußte keine Antwort darauf und mußte sich still verhalten.

Wir erfuhren nur von ihm, daß 80 % aller Leute aus dem Bahnhofsgebäude in ein anderes Lager verlegt würden. Herr Tögernsen ging mit einem Posten vor dem Bahnhof auf und ab. Als Herr Fischer mit seiner Gruppe bei uns eintraf, trat Herr Tögernsen hervor, griff sich eine Frau aus der Menge und stellte sie unter Beschimpfungen mit dem Gesicht zur Wand. Sie hätte auffallend gelacht, schimpfte er. Herr Fischer wurde auch zurechtgewiesen.

Die allgemeine Aufregung wurde noch größer, als auch noch der deutsche Lagerleiter nähertrat. Wir fürchteten, es sei etwas sehr Schlimmes vorgefallen.

Alle Bewohner des Bahnhofgebäudes mußten sich vor dem Haus versammeln, hatten sich ruhig zu verhalten, und Herr Tögernsen hielt uns eine Standpauke, was wir doch für schlechte Menschen seien. Wir hätten so viele verbotene Dinge getan, sogar gehamstert hätten wir und verbotener Weise hätten sich viele Personen aus dem Lager herausgeschlichen. Er hätte große Lust uns alle zu bestrafen. Niemand stellte eine Frage, es herrschte eine erstaunliche Ruhe unter allen. Dann wurden die Namen der Personen verlesen, die sich bereit halten sollten für den Transport in ein Lager nach Odense oder nach Oksby. Der Rest, zu dem auch wir gehörten, wurde hoch in den Norden Jütlands, nach Skagen, versetzt.

Einige Kinder, die man als Bösewichte bezeichnete, würden bei der Aktion von den Eltern getrennt werden. Das gab natürlich ein schreckliches Geschrei und Spektakel, aber später stellte sich heraus, daß alles nur zur Einschüchterung dienen sollte.

Unsere Habseligkeiten wurden von Herrn Fischer aufgelistet. Dabei teilte er uns mit, daß Gegenstände, die zum Lager gehörten, unbedingt hierbleiben müßten. So gut es ging, packten wir unsere Sachen zusammen und machten uns zur Abreise fertig, die um 14.30 Uhr des folgenden Tages stattfinden sollte. Wir sollten uns schon rechtzeitig vor dem Haus versammeln. Den hier noch verbleibenden Flüchtlingen wurde es verboten, sich zur Verabschiedung draußen aufzuhalten.

Alle schulpflichtigen Kinder mußten noch zum Unterricht. Die Leute hofften, daß alles rückgängig gemacht würde. Unser Lehrer, der uns alles Gute und baldige Heimreise wünschte, verabschiedete uns vorzeitig vom Unterricht.

Beim Mittagessen warf uns Herr Tögernsen noch einmal unsere "Schandtaten" vor. Ganz besondere Verbrecher wären diejenigen, die nach Skagen verlegt wurden. Schließlich erhielten wir noch für 2 Tage Verpflegung, denn die Fahrt sollte vom 29.-30. Januar dauern.

Es ging das Gerücht, daß wir alle in große Lager gebracht würden, weil diese Häuser im Ort zu anderen Zwecken hergerichtet werden sollten. Ein Rätsel blieb jedoch allen, welche Verbrechen wir begangen hätten, Mutter meinte: "Es können doch wohl nicht die paar Sachen sein, die uns Frau Sönnigsen geschenkt hat?" "Wenn das ein großes Verbrechen ist, dann wollen wir mal alle getrost nach Skagen fahren." Die paar Äpfel und Kleinigkeiten, dürften wohl nicht der Anlaß für einen solchen Wirbel im Lager gewesen sein. Es machte uns sogar ein wenig froh, von hier fort zu müssen, denn diese Beschimpfungen und Schikanen waren langsam unerträglich.

Den noch im Lager Verbleibenden wurde untersagt, Insassen anderer Lager zu besuchen. Zum Abschied erhielten wir eine Art "Henkersmahlzeit" aus Roggenmehlsuppe zum Mittagessen, die uns nicht recht schmeckte. Nicht einmal verabschieden durften wir uns von anderen Abreisenden. Der Wachposten trat zwischen uns, und wir mußten sofort wieder zurück zum Bahnhofsgebäude.

Um 13.00 Uhr standen wir mit unserem Handgepäck reisefertig vor dem Haus. Der dänische Lagerleiter zählte uns und rief alle namentlich auf. 84 Personen, die nach Odense sollten, gingen mit Herrn Fischer voran und vierzehn, die nach Skagen in angebliche "Verbannung" mußten, trotteten hinter Tögernsen her.

Auf dem Bahnhofgelände warteten schon Herr Junk und Herr Schröder mit ihren Reisegruppen aus den anderen Häusern. Drei Polizisten begleiteten uns.

Welch ein Luxus. Wir stiegen in gepolsterte Eisenbahnabteile und wurden wieder gezählt. Der Polizeigruppenleiter zählte 44 Personen, soviel waren es jetzt, die nach Skagen fuhren. Einer der Polizisten holte noch einen Kanister Trinkwasser, dann setzte sich der Zug in Bewegung. Sofort fingen alle an, etwas von dem Reiseproviant zu verzehren, denn an der Schlunzsuppe hatte sich keiner satt gegessen. Vielleicht beruhigte es auch unsere innere Unruhe, die wir zu verbergen suchten.

Die Wagen nach Odense wurden in Middelfahrt abgehängt und fuhren an uns vorbei auf ein anderes Gleis. Wir winkten und riefen unsern Leidensgefährten ein letztes Lebewohl zu.

Innerlich schmerzend war so ein Abschied, denn wir hatten das Gefühl, wir sehen uns nie wieder. In der Abenddämmerung fuhr der Zug über die Beltbrücke, die fast ein Jahr lang unser Blickfang in Strib war, in Richtung Fredericia weiter. Die Nacht brach herein, und wir konnten leider nichts mehr von der Landschaft wahrnehmen. Nur die Lichter von Strib waren noch ein letztes Mal zu erkennen. Unsere Fahrt ging nach Norden. Obwohl es im Abteil angenehm warm und sehr ruhig war, fanden wir alle erst sehr spät einen recht unruhigen Schlaf. Vielleicht hatten wir auch alle etwas Reisefieber. Auf einem größeren Bahnhof hatte der Zug längeren Aufenthalt. Es war früher Morgen. Wir wachten auf und rätselten, wo wir uns befinden könnten.

Es war der 30. Januar. Am Vormittag rollten wir in den Bahnhof von Aalborg, einer Stadt mit 100.000 Einwohnern, ein und erfuhren von einem dänischen Bahnbeamten, daß es bis Skagen noch 150 km seien und Skagen nur 500 Einwohner zählte. Ein alter Ostpreuße, der hier schon seit 6 Uhr auf uns wartete, kam in unser Abteil und brachte uns aus dem Lager in Aalborg etwas Verpflegung. Weil der Zug Verspätung hatte, war der Kaffee leider kalt. Wir erhielten Schwarzbrot, Rauchwurst und Butter und bedankten uns bei ihm, weil er alles so großzügig verteilte. Gegen Mittag fuhr der Zug langsam weiter durch die eintönig flache Landschaft.

Jemand seufzte, als wir weiter im Norden durch Wälder fuhren und den Bahnhof von Frederikshaven erreichten. "Ach ja, -- wie schön war es doch zu Hause, unser schönes Ostpreußen ist jetzt so unendlich weit weg!" Das Wachpersonal stieg hier aus. Es kamen zwei neue Wachposten, die uns nach Skagen bringen sollten. Sie gingen langsam durch den Waggon, um uns zu zählen. Vermutlich hatten sie sich vorher "einen angetrunken", machten ein wenig Unsinn und verzählten sich immer wieder, waren aber sehr freundlich zu uns. Einer erzählte, er sei früher in Deutschland in einem SS-Lager gewesen und hätte es nicht gut gehabt, aber wir sollten keine Angst haben, in Skagen würde es uns gut gehen.

Abends wurde unser Waggon an einen Personenzug gekoppelt, der an allen Stationen hielt, was immer wieder ein Grund für die Wachen war, die Reisegruppe neu zu zählen. Sie hatten Befehl, uns vollzählig in Skagen abzuliefern. Endlich waren wir in Skagen angelangt wo wir auf dem Bahnsteig von weiteren drei Wachposten in Empfang genommen wurden.

Es war schon stockdunkel. Zu dritt mußten wir Aufstellung nehmen, um mit den bewaffneten Posten aus dem Ort durch einen Wald in Richtung Lager zu gehen. An der Stacheldrahtsperre des Lagers, die von einem großen Scheinwerfer angestrahlt war, wurden wir sehr freundlich von dem dänischen Lagerleiter begrüßt. Unsere Personalien wurden hier neu aufgenommen und uns dabei eine Barackennummer zugeteilt, wo wir in einem sehr großer Raum, in dem schon acht Personen seit ihrer Flucht wohnten, unsere Unterkunft fanden.

Deutsche Soldaten hatten nach ihrem Abzug Möbel, Bilder,

Spiegel und andere Kleinigkeiten zurückgelassen und es sah recht wohnlich in dem Raum aus. Meine Schwestern Gertrud und Gretel mußten in dieser Nacht gemeinsam in einem Bett schlafen, weil nicht genug Betten vorhanden waren. Am anderen Tag wurde alles geregelt und wir lebten jetzt in Baracke 5.

Es war alles etwas gewöhnungsbedürftig. Räume für acht Personen kannten wir bislang schon, aber solche, wie diesen, mit doppelstöckigen Holzbetten, Tischen und Stühlen für 24 Personen und mittendrin ein eiserner Ofen, das war uns etwas Neues. Uns gefiel es in der hinteren linken Ecke recht gut. Wir hatten ein Fenster, waren zufrieden und begrüßten erst einmal Frau Marchewski aus Danzig mit ihren vier Kindern. Sie lebten schon einige Monate hier. Somit waren wir 13 Personen im Raum, aber es sollten noch einige dazu kommen. Die Frauen putzten die Fensterscheiben, brachten alles in Ordnung, und ich heizte den Ofen an, denn es war recht kühl hier in Skagen.

Das Mittagessen gab es an langen Tischen, die junge Mädchen für uns gedeckt hatten. Es gab Flundern mit Pellkartoffeln. Alles war sehr sauber und aus einem Lautsprecher ertönte leise Musik, die uns das Gefühl gab, nicht als "Schwerverbrecher", in einem "Straflager" gelandet zu sein. Sogar der Tee schmeckte hier nicht wie "Abwaschwasser".

Auch hier sprach man wieder von den 2500 Kalorien, die wir bekommen sollten, aber nun konnte jeder essen, soviel er wollte. "Hier werden wir uns schon noch einleben," meinte Mutter.

Die sonntäglichen Gottesdienste, die im Gemeinschaftsraum stattfanden und immer gut besucht wurden, waren hier nicht verboten. Auch bunte Abende mit Varieté wurden veranstaltet und so war für Unterhaltung gesorgt. Fünf große Baracken mit graugrünem Anstrich waren fertig aufgebaut, dazu noch eine Küchenbaracke mit Speisesaal, eine Revierbaracke, ein Altersheim, und mitten im Lager war das Büro des dänischen Lagerleiters, Herrn Jeppersen.

An der Schule, einer Werkstatt und Geräteräumen wurde noch gebaut. 400 Personen lebten hier, und es sollten noch 200 dazukommen. Der Stacheldrahtzaun um das Lager verlief an einigen Stellen durch Waldgebiet und war dort besonders dicht und hoch. Dort konnten die älteren Leute schöne Spaziergänge machen, und wir Kinder hielten uns besonders gerne in dem Wäldchen auf. Unweit unseres Lagers befand sich der Hafen von Skagen, der auch von ausländischen Schiffen angelaufen wurde.

Oft kamen schwedische Seeleute zu uns an den Zaun und brachten manchmal ein paar Süßigkeiten für uns Kinder mit. Wenn sie sich mit jungen Mädchen unterhielten, kamen sich unsere Posten immer sehr wichtig vor und versuchten, mit Warnschüssen die Schweden zu vertreiben. Die schwedischen Seeleute sprachen sehr gut deutsch und erkundigten sich, wie es uns ginge und warum man uns wie Strafgefangene hinter einem Stacheldrahtzaun einsperre. Dabei erzählten sie, daß es in Schweden auch sehr viele deutsche Emigranten und Flüchtlinge gäbe, die aber nicht hinter Stacheldraht säßen.

Direkten Kontakt, außer mit diesen Seeleuten, hatten wir hier mit der dänischen Bevölkerung kaum. Unweit unseres Lagers, an der Westküste in einem ehemaligen Marinestützpunkt mit dem Namen "Royal", befand sich noch ein Rest deutscher Marinesoldaten mit Minensuchbooten, die den Auftrag hatten, das Küstengebiet am Skagerak nach Minen abzusuchen.

Richtung Norden war, weit sichtbar, nur eine große Sandwüste mit einem versandeten Dorf, zugeweht vom ewigen Flugsand, aus dem noch ein halber Kirchturm herausragte. Von dort heulte oft ein orkanartiger Sturm herüber. Ein schmaler Waldstreifen zwischen Sandwüste und unserem Lager, nahm uns zwar sehr viel Sicht in Richtung Skagerak, bot uns jedoch genügend Schutz vor den großen Winterstürmen, die hier kräftig heulten.

Oft war der Himmel mit dicken Schneewolken verhangen. Wir warteten darauf, hier im Norden so einen ostpreußischen Winter zu erleben, wie wir ihn früher in der Heimat kannten, aber es schneite nicht. Wir Kinder nahmen am Schulunterricht teil, der jedoch mangels Lehrkräften nicht regelmäßig stattfinden konnte. Einmal wöchentlich erteilte ein Pastor aus einem anderen Lager, allen zwölf - bis vierzehn - jährigen Kindern Konfirmandenunterricht.

Mutter hatte jedesmal Suchkarten abgegeben, um ihre Schwester Ernestine aus Reddenau, die beiden Brüder Bruno und Gustav, Oma Elias und unseren Vater zu finden, aber eine Antwort hatten wir bis jetzt noch nicht erhalten. Andere Lagerbewohner erhielten schon Post aus Deutschland.

Eine gute Viertelstunde Fußweg von uns entfernt war das Lager Vierbaken, in dem schon so mancher der Insassen unseres Lagers einen Bekannten gefunden hatte. Für einen Besuch in diesem Lager wurde ein Passierschein benötigt, außerdem die Begleitung eines Wachposten. Es wurde auch ein nahegelegener Friedhof, auf dem gefallene Soldaten und verstorbene Lagerinsassen die letzte Ruhestätte fanden, von Flüchtlingsfrauen gepflegt. Dort waren noch Gedenktafeln mit den Namen Gefallener aus der Schlacht am

Skagerak von 1914 vorhanden.

Helmut brach sich bei einer Rangelei mit anderen Jungs das Schlüsselbein. Der Arzt behielt ihn einige Tage in der Revierbaracke, wo Mutter ihn täglich besuchte. Wir Geschwister durften uns nur mit ihm am offenen Fenster unterhalten. "Morgen komme ich wieder raus," sagte er jedesmal zu uns, aber es dauerte dann doch eine ganze Zeit, bis er entlassen wurde. Behandelt und gepflegt wurden die Kranken von einem Arzt und einigen Krankenschwestern.

Unsere Nachbarn warteten vergeblich auf schwedische Seeleute, denen sie Briefe nach Deutschland mitgeben wollten, doch eines Tages waren einige deutsche Soldaten in Zivil am Lagerzaun, die mit ihrem Schiff zurück nach Deutschland gebracht werden sollten. "Ja, wir nehmen die Post natürlich mit und werden dort auch berichten, wie unsere Landsleute hier hinter Stacheldrahtzäunen leben,"sagten sie.

Etwas verwundert sahen wir eines Tages einen älteren Herrn durch das Lager gehen, der eine weiße Binde mit der Aufschrift "LP" am Arm trug. Er war ab jetzt unser Lagerpolizist und hatte die Aufgabe, für Ordnung zu sorgen. Es kam dann schon mal vor, daß er einen Haufen Kinder auseinandertrieb, die um das Altersheim oder an der Revierbaracke lärmten. Eine Klasse von Oberschülern aus Berlin, die als Ausgebombte in Skagen gelandet waren, tobte sich hin und wieder so richtig aus. Dem Herrn mit der LP-Binde fiel es schwer, sie zu bändigen, denn das waren recht kräftige Burschen mit "Berliner Schnauze." Sogar ein Lagergericht mußte einiges schlichten, was aber unter Ausschluß der Öffentlichkeit geschah.

Mutter mußte in gewissen Abständen eine Woche lang

Küchendienst machen, ebenso die anderen Frauen und jungen Mädchen. So brachte Mutter oft interessante Neuigkeiten oder Informationen über Deutschland aus dem einzigen Lagerradio mit, das für das Küchenpersonal aufgestellt war.

Unsere Leidensgefährten erhielten vom ehemaligen Lagerleiter aus Strib die Nachricht, daß ein Verwandter im Lager Fliegerhorst in Frederikshaven sei. Sie gaben dem Pfarrer aus Frederikshaven, der auch in Skagen den Gottesdienst hielt, einen Brief mit und warteten voller Ungeduld auf eine Antwort.

Mutter war dann immer ein wenig traurig, denn an uns schrieb kein Mensch, aber sie gab die Hoffnung nicht auf. "Irgendwann meldet sich auch bei uns jemand," meinte sie.

Mitte Februar wurde im Lager ein"Bunter Abend" veranstaltet und anschließend durfte nach Klaviermusik getanzt werden. Da war es mir erlaubt, auch einmal für kurze Zeit zuzuschauen, aber wir Jugendlichen mußten den Saal bald verlassen.

Überrascht war ich, als mir eines Tages der dänische Lagerleiter ganz feierlich in seinem Büro ein Geschenk machte. Er wußte, daß ich auf einigen Instrumenten spielen konnte und überreichte mir eine große Blockflöte.

In der Baracke nebenan wohnte ein alter Lehrer mit seinen beiden Töchtern, von denen die eine sehr musikalisch war und auch Blockflöte spielen konnte. Nach einigen Übungsstunden spielte ich alle Lieder, die ich kannte.

Neue Flüchtlinge sollten ins Lager kommen. Die Frauen putzten die Räume und wir Jungs mußten Betten und Tische heranschleppen und zusammenbauen. Aus unserem Raum wurde der Ofen abgeholt.

Er wäre viel zu groß und außerdem könne man nichts darauf erwärmen, wurde gesagt. So erhielten wir einen kleineren mit einer Wärmeplatte, der den Frauen besser gefiel. Holz und Torf zum Heizen war genügend vorhanden, nur eine Axt oder ein Beil fehlte uns, um die großen Holzstücke zu zerkleinern. Es zogen noch fünf Personen bei uns ein. Wir anderen rückten etwas zusammen, denn jetzt waren 18 Bewohner in einem Raum, die friedlich und in Eintracht miteinander lebten.

Ein altes Ehepaar, es stammte aus Heiligenbeil, kam mit den Neuankömmlingen ins Zimmer. Wir berichteten, daß man es hier im Lager gut aushalten könne und ein sehr gutes Essen bekäme Darüber waren sie sehr erstaunt. Sie kamen von der Insel Seeland, aus Kopenhagen. Dort hätte das Essen oft aus Suppen mit säuerlichen Kartoffelschnitzeln bestanden. Sie zogen später ins Altenheim um, wo die alten Leute auch richtig betreut wurden, dafür fanden bei uns eine Frau mit zwei kleinen Töchtern und deren Tante Unterkunft. Jetzt lebten 20 Leute doch schon etwas beengt in dem Raum.

In dieser Nacht schneite es. Der Winter brach an und vom Skagerak wehte ein kräftiger Wind herüber. Zur Freude der Kinder schneiten wir richtig tief ein, was zu zünftigen Schneeballschlachten anregte.

Am 20. Februar kam der Lagerpolizist in unser Zimmer und überreichte unseren Nachbarn einen dicken Brief. Sie hatten Post aus Recklinghausen erhalten, und zum Schluß hatte ihr Vater unterschrieben. Die Briefe waren nach Frederikshaven zu ihren Verwandten gegangen und die wiederum hatten alles nach Skagen mitgegeben und auch noch etwas dazugeschrieben. Vor Aufregung wollte jeder zuerst lesen. Das war das erste Lebenszeichen vom Vater und Ehemann. Sie hatten sich umarmt, lachten und weinten vor Freude. Mutter weinte mit ihnen, sie war sehr traurig. Sie erfuhren, daß ihr Vater am 11. März 1945 durch Bombensplitter ein Bein verloren hat. Im Lazarett in Holstein hatte er noch Wundbrand, Lähmung und eine Blutvergiftung bekommen, aber alles überstanden und lebte. "Oh, hoffentlich bleibt er gesund und wir können ihn bald wiedersehen", hörte ich sie sagen.

Außerdem schrieben die Verwandten in dem Brief, daß der Vater im Januar 1946 nach Recklinghausen kommen werde. Er suche seine Familie und könne sie nicht finden. Oh, Ende Januar, - dann ist er ja schon dort, stellten sie fest.

Sie hatten einen Brief mit den Matrosen mitgegeben und sicher hätte er den jetzt schon! "Dann weiß er auch, daß wir noch leben." Es war eine unbeschreibliche Freude für die drei. Sie hätten auch von ihrem Vater erfahren, er wüßte von einem Cousin, der in Berlin wohnt, daß sich seine Familie aus Danzig gemeldet hätte, und er fürchtete, daß da wohl alle umgekommen seien.

Die Verwandten wollten noch so lange wie möglich in Dänemark bleiben, denn in Deutschland ginge es den Menschen noch sehr schlecht. "Soll die Tante doch bleiben, wir wollen alle so schnell wie möglich zurück nach Deutschland! Soviel schlechter geht es den Menschen in Deutschland sicher auch nicht", meinten wir.

Post kam auch von einer Bekannten aus Odense. Sie freute sich, dort zu sein, denn in Strib wäre man nicht einmal satt geworden. Der Lagerleiter hätte mit uns allen solch einen Streit vom Zaun gebrochen, weil die Häuser gebraucht wurden, und er sie mit aller

Gewalt räumen wollte. Nur deshalb wurden wir angeblich alle strafversetzt. So schrieb sie.

Wir lebten hier in Skagen zwar in einer öden Landschaft hinter Stacheldraht, fühlten uns aber wohler, als in Strib auf Fyn. Die Versorgung klappte reibungslos, und der dänische Lagerleiter zeigte sich auch von der menschlichen Seite. Er besorgte vieles, was gebraucht wurde, und behandelte uns nicht wie "Untermenschen" oder "Nazischweine."

Anfang März wurde zur allgemeinen Belustigung ein Maskenball veranstaltet. Wir staunten, welchen Erfindergeist die Leute entwickelten und eine Vielfalt an Kostümen und Masken aus einfachen Materialien zauberten.

Selbst die Wachposten schauten eine Weile zu und erlaubten, eine Stunde länger zu feiern. Nur die Schuhsohlen durften nicht durchgetanzt werden, denn so schnell bekamen wir keine neuen geliefert. Aus dem Oberleder alter Militärstiefel, die ab und zu ins Lager geliefert wurden, machten wir uns selbst Schuhe. Eine Sohle, die etwas größer war als der Fuß, Oberteile aus vier Stücken Leder wurden nach vorgefertigten Modellen zugeschnitten und mit einem dicken Schusterpechdraht zusammengenäht. Wer dann schonend damit umging, hatte recht lange brauchbare Schuhe. Ganz allgemein war unsere Bekleidung immer noch recht dürftig. Die Frauen überlegten, woraus sie Kleidung fertigen könnten, aber außer alten Armeebeständen gab es kaum etwas. Da wurden auch schon mal alte Wolldecken aufgerebbelt und Strickjacken oder Wintersocken daraus gestrickt.

In einem Lagerraum hatten wir Hunderte von Papierdecken entdeckt. Aus den Steppfäden könnte Mutter wunderbare Sachen stricken. Als wir eines Tages Stühle und Tische aus dem Lagerraum holen mußten, löste ich an der Rückseite der Baracke an einem Fenster die Schließhaken so, daß es von außen leicht zu öffnen war. So konnten Helmut und ich unbeobachtet in den Lagerraum auf den Oberboden, wo die Decken lagen, und rebbelten das Kreuzgesteppte aus der Mitte heraus. In kurzer Zeit hatten wir mehrere Knäule gewickelt, hoben ein paar Decken hoch und steckten die aufgerebbelten nach unten.

Zurück in unsere Baracke gelangten wir ohne Schwierigkeit Jetzt hatten die Frauen Baumwolle zum Stricken, kamen sogar auf die Idee, die Wolle etwas dunkler einzufärben. Not macht erfinderisch, aber verleitet auch dazu, Verbotenes zu tun.

Fast täglich erfand jemand etwas Neues. Aus dem Kreppapier der alten Steppdecken fertigten wir Fenstergardinen, wobei an einer Seite die Kante ca. 4 cm wellig gezogen und unten die Gardine gerafft mit einer Schleife befestigt wurde. Gardinen an den Fenstern, das war doch schon Wohnkultur!

Am 5. März war im Speisesaal am schwarzen Brett unter anderem zu lesen: "Alle Flüchtlinge müssen noch ein Jahr in den dänischen Lagern ausharren. In Deutschland herrscht allerorts große Wohnungsknappheit, und die Versorgung mit Lebensmitteln ist nicht gesichert."

Das war ja wieder ein Rückschlag!!! Alle Hoffnung war dahin. Die Leute standen in Gruppen und diskutierten oder stürzten sich in irgendwelche unnützen Arbeiten, um ihren Unmut zu überwinden. Aus einfachen Stoffresten stellten sie tolle Sachen her. Sie zerschnitten sogar bunte Kopfkissenbezüge und nähten Blusen daraus.

Soldaten des Minensuchkommandos veranstalteten für uns Flüchtlinge in unserem Lager einen Bunten Abend mit witzigen artistischen Darbietungen und Musik und Tanz. Als besondere Einlage hielt ein Soldat einen Vortrag über das Geschehen in Deutschland. Versuchte uns ein Bild über die zerbombten Städte zu vermitteln, schilderte das Leben der Menschen, den mühevollen Wiederanfang, die Verpflegungsknappheit und die Wohnungsnot in dem zerstörten Land. Tausch und Schiebergeschäfte waren an der Tagesordnung, das Geld wurde immer wertloser. Die Stadtbewohner fuhren auf's Land um Lebensmittel zu "hamstern." So versuchte jeder zu überleben und tauschte wertvolle Sachen, gegen Kartoffeln und Obst ein.

Mutter sagte:"Wenn Vater im Westen ist, muß er wohl auch erst eine Wohnung besorgen, um uns holen zu können. Verwandte haben wir ja dort nicht. Das wird bestimmt nicht einfach sein." Ein Lebenszeichen hatten wir von ihm noch nicht.

Unsere Nachbarn hatten sehr viel Glück, sie bekamen einen Brief aus Kopenhagen von einer Tante, die über ihre erbärmliche Flucht berichtete, und daß im dortigen Lager auch die Baronin von Tettau aus Kraphausen lebte. Sie schickten ihrer Tante sofort eine Nachricht und berichteten über ihr eigenes Schicksal.

Ein dänischer Pastor zeigte uns eines Tages einen Film über die zerbombten Städte in Deutschland, und wie die alten Frauen mit Handwagen die Trümmer von den Straßen räumten. Ihre Behausung oder notdürftige Unterkunft waren Kellerräume in den zerbombten Häusern, die in ganzen Stadtvierteln, so weit man sehen konnte, in Schutt und Asche lagen.

Ende März erhielten wir Besuch von einer Frau aus unserem

früheren Nachbarort Borken. Bei einer Suchaktion hatte sie ihre Schwägerin in Skagen -Vierbaken gefunden und lebte nun auch dort. Sie lud uns zu einem Besuch ein.

An einem sonnigen Tag, machten wir uns, bewacht von einem Posten, am Strand entlang auf den Weg nach Vierbaken. Dabei erhielten wir einen Eindruck von den enormen ehemaligen deutschen Befestigungsanlagen.

In großer Anzahl lagen riesige Bunker aus gewaltigen Betonmassen mit Namen, "Lindwurm" oder "Herkules" dicht am Wasser. Einmal zur Verteidigung vor einer englischen Invasion gebaut, warteten sie jetzt darauf, sinnlos in die Luft gesprengt zu werden.

Eines Tages überraschte man uns in Skagen mit einem richtigen Tonfilm. Bislang zeigte man uns nur Stummfilme. "Du gehörst zu mir", hieß der Film für Erwachsene, für Kinder wurde der Film "Gefährlicher Frühling" gezeigt.

Selbst das Wetter wurde frühlingshaft wärmer. Oft saßen wir draußen mit dem Rücken an der Barackenwand.

Um das Wachpostenhaus wurde jetzt ein Holzzaun gezogen und die Ausfahrt mit einem Schlagbaum versehen. Angeblich fühlten sich die Posten von den Flüchtlingskindern belästigt. Die Posten hatten einen neuen Gruppenleiter namens Schmidt und der war nicht sehr gut auf die "Nazi-Schweine" zu sprechen.

Er war nicht nur von kleinem Wuchs, sondern auch ein kleiner "Giftzwerg." Bald hatte er den Spitznamen "Schmidtchen" weg. Die jungen Burschen von 16 -17 Jahren, waren nicht mehr so ängstlich, ärgerten ihn, worauf er schimpfte: "Hal ab vafen, du Sätan, du tüske Swinhund!" Er schoß mit der "Knarre" in die Erde, so daß die Kieselsteine durch die Gegend flogen. Wir Kinder sprangen dann hinter eine Baracke und lachten ihn aus.

Die anderen Posten waren friedliche Leute, nur er war so ein Hitzkopf und wurde leicht wütend. Wenn der Kerl in der Nacht Wache hielt, ging er um die Baracken und schoß, als ob er hinter jemand her wäre. Aufgeschreckt aus dem Schlaf öffneten dann ganz Mutige das Fenster und riefen : "Ruhe!!" aber er "ballerte" dann erst recht in die Luft.

Unbeliebt war er bei allen, aber wir Jungs forderten ihn besonders heraus. Dann passierte es schon mal, daß er in seiner Wut, direkt vor unseren Füßen in die Erde schoß. Beschwerden beim Lagerleiter gingen nicht ein, doch der wußte davon.

Eines Tages erfanden die Frauen eine sogenannte "Lagertorte." Unser Abendessen, das an manchen Tagen zum Teil auch aus Milchsuppe bestand, war reichlich bemessen. Von Resten wurde im Lager "Schlagsahne" gemacht. Durch längeres Schlagen entstand eine schaumige Masse, die mit Zucker gesüßt wurde, was dem Ganzen einen sehr guten Geschmack verlieh. Aus einem Weißbrot und dieser Schaumcreme stellten die Frauen dann die "Lagertorte" her. Große Haferflocken wurden knusprig geröstet. Mit Frucht-stückchen und Zuckerguß wurden dann zu kleinen Festlichkeiten herrliche Torten oder Kuchen gezaubert.

Ab April 1946 durften wir endlich Post nach Deutschland schicken, die wir aber bei der Lagerleitung, zur Kontrolle geöffnet, abgeben mußten.

Wöchentlich einen Brief nach Deutschland und einen innerhalb Dänemarks durften wir schreiben. Nun trafen laufend Briefe aus Deutschland ein, aber wir warteten vergeblich auf ein Lebenszeichen von unserem Vater oder von einem Verwandten.

Nach langer Überlegung stellten unsere Nachbarn den Antrag auf Verlegung nach Frederikshaven, denn die Tante schickte einen Ostergruß und die Mitteilung, daß sie solange im Lager bleiben wolle, bis sie eine Zuzugsgenehmigung aus Deutschland bekäme.

Ostern1946 war am 21. April und für uns ohne einen lieben Gruß aus Deutschland. Nachmittags läutete unsere kleine Lagerglocke zum Gottesdienst, den auch die Mehrzahl der Lagerinsassen besuchte. Anschließend war Konfirmandenunterricht, denn am 1. Juni sollte Einsegnung sein. Ostereier gab es nicht, aber ein Stück von der berühmten Lagertorte stand auf dem Tisch, und wir waren alle zufrieden. Das Osterfest endete für uns ohne jede Besonderheit.

Der 27. April war ein Tag voller Freude für die Nachbarfamilie. Über die Verwandten in Frederikshaven meldete sich ihr Vater. Er schrieb, daß er keine Not leiden müsse und schon wieder seiner beruflichen Tätigkeit nachginge.

Auch Kontakt zu einigen Tolksern hatte er und wußte, daß sie alle ihr Kreuz zu tragen hätten. Frau Treptau, die Frau unseres Lehrers, sei beim Untergang des Schiffes, auf dem sie mit ihrer Tochter war, gerettet worden, aber ihre Tochter Ursel sei dabei ertrunken. Von ihrem Mann, der damals in Tolks blieb und nicht mit ihr flüchtete, hätte sie noch keine Nachricht. Einige Tolkser lebten jetzt in Königstein, andere seien in russischer Gefangenschaft. Eine Frau Langhans, deren Mann in den letzten Kriegstagen gefallen sei, umsorgte ihre 5 Kinder jetzt alleine. Er hatte auch schon die Nachricht von seiner Familie erhalten, die sie aus Strib abgeschickt hatte. Die Freude der Nachbarn war unbeschreiblich groß.

Der 1.Mai 1946 war ein großer Feiertag in Dänemark, der

Siegestag über die Deutschen im Jahre 1945. Wir waren natürlich alle froh, daß alles vorbei war. Die Dänen trafen allerlei Vorkehrungen, sperrten unser kleines Wäldchen ab und zogen abends mit einem Fackelzug um unser Lager. Wachposten standen um den Lagerzaun herum. Wir verfolgten den schweigenden Umzug der Dänen, die still an uns vorbeizogen und uns kaum eines Blickes würdigten, aber uns auch keine verächtlichen Worte zuriefen. Einen besonderen Eindruck hinterließ am 5. Mai das langandauernde Glockengeläute der Kirche in Skagen. Wir hatten das Gefühl, den feierlichen Klang stundenlang zu hören, der wie ein Mahnruf zu uns herübertönte.

Ein dänischer Pastor hielt einen Gottesdienst in unserem Lager und fand in seiner Predigt herzliche und tröstende Worte für alle, die hier im fernen Land ihr Leben verbringen mußten. Wenn auch der Krieg schon ein Jahr zu Ende sei, so sollten wir noch etwas ausharren. Wir würden eines Tages in unser Land, das wir alle liebten und unfreiwillig verlassen mußten, zurückkehren dürfen.

Er berichtete aber auch, daß die dänische Bevölkerung über viele unserer Einzelschicksale informiert sei und um unsere Not wüßte, daß wir nie wieder in die frühere Heimat dürfen, die ein für allemal verloren sei. Das sei aber das alleinige Verschulden des deutschen Volkes. Er versprach uns, dafür zu sorgen, daß unsere Not etwas durch Hilfsaktionen gelindert würde. Die dänische Bevölkerung sei grundsätzlich zur Hilfe bereit.

Vor der Konfirmation erhielten alle Jungs einen nagelneuen Anzug von der Lagerleitung. Ich bekam braune Knickerbocker, dazu passend karierte Strümpfe und ein Oberhemd überreicht. Es war schon seltsam, die Mädchen erhielten kein Konfirmationskleid. Sie zeigten offen ihre Enttäuschung.

Unsere Prüfung war am 1. Juni 1946. Der Verpflegungswagen hatte frisches Laub und eine Menge Blumen mitgebracht, und damit schmückten wir dem Tag angemessen den Saal. Wir Konfirmanden stellten einen Altar aus kleinen Tischen her und auf eine Tischdecke, die davor hing, steckten wir aus großen grünen Blättern ein Kreuz. Um 17 Uhr war dann Prüfung. Anschließend besuchte der Pastor unsere Eltern.

Am selben Tag kamen neue Flüchtlinge in unser Lager. In unser Zimmer wurden drei weitere Personen eingewiesen.

Unsere kleine Ecke wurde noch kleiner. Jeder hatte noch soviel Platz, daß er ins Bett steigen konnte. Wir hatten mitten im Raum einen langen Tisch gezogen und daran saßen beim Frühstück und Abendessen alle friedlich beieinander.

Unsere Konfirmation war am 2. Juni, es war ein ganz düsterer Tag mit wolkenverhangenem Himmel. Um 9 Uhr sollten wir im großen Saal erscheinen. Ich zog meinen Knickerbocker an, und Mutter meinte, "Junge, du siehst ja ordentlich gut aus."Alle suchten ihre beste Kleidung hervor. Ein Bursche überreichte den Mädchen jeweils eine Lilie, die sie sich ans Kleid stecken sollten.

Wir Konfirmanden gingen in den geschmückten Saal und mußten in den ersten beiden Reihen Platz nehmen. Etwas später erschienen auch unsere Angehörigen und füllten die Reihen hinter uns.

Der Saal war bis auf den letzten Platz besetzt. Schöne große Kerzen, die uns die dänische Kirche gespendet hatte, standen auf dem Altar. Ein dänischer Pastor und der Lagerleiter Herr Jeppersen waren als Ehrengäste erschienen. Unser Pfarrer Höppner hatte uns in einen Nebenraum zur Vorbereitung gebeten. Als wir im Saal erschienen, sangen alle das Lied "Lobe den Herren." Fünf Mädchen, jede von ihnen hielt einen Strauß aus Lilien und Flieder in der Hand, und 7 Jungen in den neuen Anzügen traten vor den Altar. Es war eine feierliche Stunde, in der unser Pfarrer an unsere schwere Zeit und die unvergeßliche Heimat erinnerte. Keiner von uns Konfirmanden hatte seinen Vater bei der Feierlichkeit dabei, ein Mädchen weder Vater noch Mutter. Zur Einsegnung knieten wir alle vor dem Altar.

Als wir auf unsere Plätze gingen, sahen wir, daß alle Leute weinten. Dazu regnete es draußen in Strömen.

Unsere Bibelsprüche hatten wir natürlich lange vorher auswendig gelernt und jeder sagte seinen Spruch bei der Einsegnung, ohne daß einer ins stocken geriet, auf. Dafür hatte Pfarrer Höppner in den vorangegangenen Wochen gesorgt!

Frau Lingenberg, eine ausgebildete Sängerin, sang mit ihrer wunderschönen, glockenreinen Stimme mit Klavierbegleitung den Choral "Herr, den ich tief im Herzen trage."

Nach der Einsegnung empfingen die Konfirmanden gemeinsam mit ihren Angehörigen das heilige Abendmahl, wurden von unserem Pastor verabschiedet und gingen still in ihre Baracken. Ein Junge überbrachte uns einen schönen selbstentworfenen Glückwunsch von der Barackenältesten.

Eine halbe Stunde später ertönte die Glocke zum Mittagessen. Mitten im festlich hergerichteten Eßsaal stand eine mit Blumen geschmückte Tafel, daran durften wir Konfirmanden und die Angehörigen sowie der Lagerausschuß Platz nehmen. Sogar unser dänischer Lagerleiter nahm (zu unser aller Verwunderung) an dem Essen teil.

Wir alle ließen Frau Sell, unsere Köchin, hochleben. Sie war so eine freundliche, fürsorgliche Frau, die während des Essens ab und zu mit einem strahlenden Lächeln durch das Fenster der Durchreiche schaute.

Um 16 Uhr wurden wir zur Kaffeetafel gebeten. Welch eine Freude, wir sollten nach langer Zeit den ersten Kuchen probieren, Biskuitrolle mit Blätterteig. Zum Abschluß hielt Pfarrer Höppner erneut eine Rede und wollte gern noch mit den Eltern und Konfirmanden ein paar Stunden in gemütlicher Runde im Saal verbringen.

Als dann unsere Lagerleitung festgestellt hatte, daß sehr viel Kuchen übrigblieb, wurden kurzentschlossen alle Kinder aus dem Lager zum Kuchenessen eingeladen. Wir sangen zum Abschluß noch gemeinsam das Lied: "Im schönsten Wiesengrunde" und gingen in unsere Unterkunft.

Jeder der Konfirmanden erhielt noch eine Topfblume als Geschenk, die später in unseren Zimmern blühte, und damit endete unsere Konfirmation im Lager in Skagen am 2. Juni 1946.

Zum Andenken an diesen Tag hatte der dänische Pastor den Altar mit dem aus Blättern gesteckten Kreuz fotografiert, und jeder der Konfirmanden erhielt später ein Foto zur Erinnerung.

Unser Nachbar hatte wieder aus Deutschland geschrieben. Dann war wie immer eine gute Stimmung im Zimmer. Er schrieb unter anderem, daß unser Lehrer in Tolks bei den Polen wäre, sein Sohn im Westen auf einen Bauernhof eingeheiratet hätte und dort auch seine Mutter aufgenommen habe.

Der Gutsverwalter sei mit seiner Frau wieder zurück nach Tolks gegangen und hat dort unter furchtbaren Verhältnissen gelebt. Er sei im Januar 1946 gestorben, und Frau Nicht lebte nach ihrer Ausweisung durch die Polen in Westfalen.

Unser Lehrer Treptau, der bei den Polen Kühe hüten mußte, um seinen Lebensunterhalt damit zu verdienen, ist nach der Ausweisung in einem Flüchtlingslager gestorben und in Walkenried im Harz beerdigt worden.

Obwohl wir in diesem Brief noch vieles mehr über die Tolkser erfahren hatten, stimmte er uns sehr traurig, denn fast jeder von ihnen hatte einen schweren Schicksalsschlag erlitten. Von unserem Vater wußte wohl niemand etwas zu berichten.

Das Pfingstfest am 9. u. 10. Juni verlief eintönig. Es regnete ununterbrochen, und wir saßen im Zimmer. Etwas Festlichkeit "zauberte" dann unsere Köchin, für uns. Sie hatte ein herrliches Pfingstessen für alle zubereitet.

Der Lagerleiter sorgte dafür, daß keine Langeweile aufkam. In der Nähe des Lagers war uns ein Stück Land zugeteilt worden. Alle jungen Burschen, die keine feste Beschäftigung hatten, mußten mit Spaten und Hacke den Acker bearbeiten.

Nach meiner Konfirmation sollte ich nun auch beruflich tätig werden. Ich meldete mich in der Lagertischlerei. Bislang waren wir Jungs in der Küche tätig oder machten Aufräumarbeiten. Weil ich aber gerne mit Holz werkelte, meldete ich mich bei dem alten Meister Plaga und fragte ihn, ob ich bei ihm in die Lehre gehen könne. Beim ersten Anblick erinnerte er mich an den alten Bismarck. Mit ihm arbeitete in dem großen Raum noch ein älterer Schiffszimmermann.

"Ja mein Junge, ich werde mich erkundigen, ob das möglich ist, du kannst dich ja heute hier mal umsehen und morgen sage ich dir, was der Lagerleiter davon hält", war seine Antwort.

Mit dem alten Zimmermann freundete ich mich gleich an, denn ich glaube, er freute sich darauf, einen jungen Burschen zur Hilfe zu bekommen. Als ich mich abends verabschiedete, sagte er: "Komm morgen früh rechtzeitig wieder, wir haben genügend Aufträge für längere Zeit, ich glaube, das wird was."Er hatte etwas Vertrauenerweckendes in seinen Augen.

Mutter freute sich. Am anderen Morgen fragte mich der alte Herr, der mich immer noch an Bismarck erinnerte, ob meine Eltern davon wüßten, daß ich die Lehre machen wolle. "Ja", sagte ich, "meine Mutter weiß es, sie möchte gerne, daß ich den Beruf erlerne. Vater war beim Militär und ist nicht hier." "So, dann darfst du gerne bei uns anfangen, ich habe mit dem Lagerleiter gesprochen, wir dürfen auch Lehrlinge ausbilden."

In der Werkstatt wurden Fenster, Türen, Tische, Bänke, Kisten und Holzkoffer für Leute, die nach Deutschland fahren wollten, einfach alles, hergestellt. Mir machte die Arbeit Spaß, und ich durfte auch so manches Stück für Mutter anfertigen. Die beiden Männer zeigten mir, wie man mit Werkzeug umgeht, Möbel baut und so manchen Kniff, den der alte Schiffszimmermann beherrschte. Ich glaube, er war schon 65 Jahre alt und dürr wie ein Knochenmann, von kleiner Statur mit leichten O-Beinen, war immer fröhlich und sang den ganzen Tag Seemannslieder. Maschinen hatten wir nicht, es wurde alles von Hand gefertigt. Alles Arbeitsmaterial hatte seinen festen Platz. Abends wurde anständig aufgeräumt. "Ordnung muß sein", wurde mir gesagt. Die beiden hatten vorher so allerhand liegenlassen und grienten immer, wenn alles wieder seinen Platz gefunden hatte. So erlernte ich in Skagen das Tischlerhandwerk, war der einzige Lehrling in der Werkstatt und fühlte mich ungemein wohl bei den beiden alten Herrn.

Der Schiffszimmermann hieß Max Ahrend. Meister Plaga, ein sehr ruhiger freundlicher Herr, der schon 68 Jahre alt war, hieß mit Vornamen Emil.

Eines Tages in der Mittagsstunde stand der Lagerleiter Jeppersen im Eßraum, schaute schweigend in die Runde. Er kam auf mich zu, und sagte:" Wenn du fertig bist, kommst du in mein Büro." Ich ging auch gleich hin, klopfte an, vernahm seine Baßstimme und stand dann vor ihm. Er saß im Sessel, hatte die Füße auf der Tischkante und spielte mit der Telefonschnur.

"Guten Tag, Herr Jeppersen," grüßte ich. Er betrachtete mich intensiv, erwiderte meinen Gruß aber nicht. "Kannst du ein Klavier reparieren?" fragte er, ohne die Augen von mir zu wenden. "Ich habe gehört, du sollst sehr geschickt sein!" "Was ist denn kaputt", fragte ich vorsichtig. "Kannst du es, oder nicht?" "Ja, ich glaube schon", antwortete ich. "Komm, wir wollen uns das einmal ansehen." In einem Lagerraum zeigte er mir ein Klavier, aus dem ca. 20 Hämmer herausgebrochen waren, holte einen Karton mit den abgebrochenen Teilen und fragte noch einmal, ob ich das reparieren könne. Ich wollte ihn nicht enttäuschen und sagte zustimmend:"Das schaff ich." Er schlug mir seine große Pranke auf die Schulter und sagte: "Dann mach."

Ich unterbreitete den beiden alten Herrn, was mir der Lagerleiter aufgetragen hatte. Der alte Zimmermann meinte: "Nun man langsam, du machst erst mal schöne runde Dübel und das ist schon ein ganzes Stück Arbeit." Ich wollte gleich drauf los arbeiten, doch er sagte: "Das ist Präzisionsarbeit und dauert mindestens drei Tage!" Wir entfernten aus einem Hämmerchen den abgebrochenen Rundstab, und alles Weitere erklärte er mir dann auch noch. Mit den Teilen am Klavier sollte ich genauso verfahren und beim Einleimen der Hämmerchen darauf achten, daß die Druckstellen auf dem Filz wieder auf dieselben Saitenreihen schlagen, also erst immer probieren und dann einleimen. Es sah alles schlimmer aus, als ich anfangs dachte. Haargenau richtete ich die Hämmerchen aus, säuberte mit einem Pinsel und meiner Puste alles, damit nichts einklemmte, und ließ alles trocknen.

Jeppersen grinste nur und kam, um sich das anzusehen. Der große Kerl setzte sich vor das Klavier, haute mit seinen breiten Händen auf die Tasten und trat mit den Füßen die Pedale, daß der Kasten auf dem wackeligen Fußboden schaukelte.

Dann lachte er und sagte: "Gut, dann komm mal mit." Wir gingen zurück in sein Büro. Er nahm aus einem Schrank eine neue Mandoline, legte sie auf seinen Schreibtisch und fragte:" Kannst du darauf spielen?" "Noch nicht", antwortete ich kleinlaut. "Wie lange dauert es bis du es kannst, wenn ich sie dir schenke?" fragte er mich. Ich staunte nicht schlecht, dachte sofort an die Tochter des alten Lehrers, die könnte bestimmt darauf spielen, und versprach ihm, eine Wochelang zu üben. Er reichte sie mir mit den Worten: "In einer Woche kommst du zu mir und spielst mir etwas vor." Ich bedankte mich und war auch gleich draußen.

Abends ging ich zu der Tochter des Lehrers. Sie konnte wunderbar die schönsten Melodien spielen. Es war gar nicht so schwer. Sie meinte nach kurzer Zeit, als ich meine ersten Versuche gemacht hatte, daß ich nicht ungeschickt damit umginge, ich solle nur zu ihr kommen, in ein paar Tagen könne ich so einiges darauf spielen. Dann traute ich mich eines Tages zu Herrn Jeppersen, und er hörte wirklich aufmerksam zu. Er nahm die Mandoline und versuchte es selbst, aber gab mir das Instrument mit der Bemerkung wieder: "Meine Hände sind wohl doch zu groß dafür, du kannst sie behalten, sie gehört dir."Da bedankte ich mich noch einmal mit einem Händedruck bei ihm. So war ich zu einer Mandoline gekommen.

Viele andere Burschen bearbeiteten den Acker des Lagerleiters, aber ihre Leistung hatte ihm eines Tages mißfallen. Dafür verbot er ihnen, in den nächsten Kinofilm zu gehen.

Natürlich wurden die Jungs rebellisch und erhielten darauf hin gekürzte Essenrationen. Die älteren von ihnen hetzten die anderen auf und verlangten von allen, ab sofort in den Streik zu treten und nicht mehr auf dem Acker zu arbeiten.

Abends mußten sie sich am Postenhaus versammeln, zwei Wachhabende traten heraus und befahlen ihnen, den Mund zu halten. Sie sperrten 8 von ihnen in einen Schuppen, mit der Bemerkung: "Ihr bleibt so lange drin, bis ihr vernünftig seid."

Ein Ofenrohr, das aus der Wand ragte, flog sofort im hohen Bogen nach draußen und dann donnerten sie gegen die Wände, daß der Schuppen auseinander zu fliegen drohte. Zweimal schossen die Posten in die Luft. Darauf folgte in dem Schuppen Stille. Etwas später trafen die beiden Lagerleiter ein, verhandelten mit den Burschen hinter verschlossener Tür und ließen sie wieder frei, doch sie mußten in ihre Zimmer und hatten erst einmal Stubenarrest. Wir jüngeren wurden von Frau Sell gebeten, abends eine Stunde in der Küche zu helfen, sie würde uns auch dafür belohnen. Hafer-flockensäcke, Reis, Gemüsekisten in den Lagerraum bringen und Brote verstauen, das war unsere Arbeit.

Als die großen Jungs später erfuhren, daß wir während des "Streiks" ihre Arbeit gemacht hätten, wollten sie uns verprügeln. Jeppersen war kein Unmensch, beorderte sie zu sich und hat in aller Güte mit ihnen gesprochen, worauf dann im Lager wieder für lange Zeit Ruhe herrschte.

Die Nachbarfamilie erhielt eine Einreisegenehmigung und ein britisches Visum aus Deutschland, worauf sie auch gleich im Lagerbüro den Antrag auf Ausreise in den Westen stellte. Eine Wohnung und Möbel konnte ihr Vater nachweisen, aber die Zeit verrann und sie warteten vergeblich auf einen Bescheid, um nach Deutschland fahren zu dürfen.

Aus dem Brief erfuhren wir auch, daß einige Mädchen aus Tolks nach Sibirien verschleppt wurden, seitdem verschollen sind und keiner wüßte, ob sie noch am Leben seien. Nicht eine von ihnen sei zurückgekommen. - Was sich bei der Verschleppung für Tragödien abgespielt haben, darüber können wohl nur Menschen berichten, die selbst davon betroffen waren und das alles überlebt haben. Die Menschen verschwanden lautlos und spurlos, ohne weitere Berichterstattung und ohne Fotos als Beweismaterial. Da waren wir wieder alle glücklich und zufrieden, daß wir damals nicht den Russen in die Hände gefallen sind.

Die Verlegung unserer Nachbarn nach Frederikshaven wurde genehmigt, und sie begannen zu packen. Am Montag, den 22. Juli, erhielten sie den Bescheid, daß sie nach Frederikshaven gebracht werden. Pünktlich zur Mittagszeit traf das Auto ein. Nun hieß es Abschied nehmen, aber in Deutschland würden wir uns bestimmt wiedersehen und in der Zwischenzeit auch Briefe schreiben. Unsere Familien trennten sich nach so langer Zeit, es war ein sehr schwerer

Abschied. Wir winkten so lange hinter dem Auto her, bis es auf dem staubigen Weg nicht mehr zu sehen war.

In der kommenden Zeit fuhren häufig Bekannte zur Familienzusammenführung in ein anderes Lager. Somit standen wir oft am Schlagbaum, um ein letztes mal zu winken. Für die meisten war es ein Abschied für immer.

Ich arbeitete täglich in der Tischlerei und erlernte den Beruf mit allen Tricks und Kniffen, die mir hauptsächlich Max Arend beibrachte. Helmut und Gertrud gingen zur Schule, und Mutter war immer mal ein paar Tage in der Küche tätig.

Unsere Nachbarn meldeten sich aus Frederikshaven und berichteten von den ersten Eindrücken in dem Lager."Mein Gott, - sie schreiben etwas über unseren Vater", sagte Mutter plötzlich. Das war auch der Grund, weshalb sie uns gleich benachrichtigt hätten. Wir waren vor Freude ganz durcheinander.

Von einer Tolkserin, die jetzt in Hameln lebt, hätten sie erfahren, daß unser Vater in Schleswig Holstein ist und seine Familie durch das Rote Kreuz suchen läßt. Nun wußten wir, daß er noch lebt, und wir ihn schon finden würden. Mutter schickte gleich eine Suchkarte ab, mit der Angabe, daß Vater in Holstein lebt, wir aber nicht die genaue Anschrift hätten.

Das alles war am 3. August, Helmut hatte am 4. Geburtstag und wurde 12 Jahre alt. Das war ein Geburtstagsgeschenk, Mutter lachte und weinte und sagte glücklich: "Ach Kinder." Und alle im Zimmer freuten sich mit uns.

Mutter ging erst einmal ins Lagerbüro, um Schreibpapier zu erbitten. Sie schrieb einen langen Brief an unsere Tolkser Nachbarn, die jetzt in Frederikshaven lebten, den der Pfarrer Höppner, ins

Lager Röntved mitnahm. Wir hatten mit ihnen sehr schwere, aber später auch sehr schöne Tage verbracht. Streit hat es nie zwischen uns gegeben, wir haben gemeinsam Probleme gelöst, gesungen, uns gefreut, oder, wenn es was Schlimmes war, weinten wir zusammen. Schade, daß die Zeit vorbei war, aber was ist schon von ewiger Dauer?

Kurze Zeit darauf übermittelten uns die Nachbarn wieder einen Nachricht. Ihr Vater hätte einen Brief von der Frau des früheren Gutsverwalters mitgeschickt, worin stand, daß unsere Oma von Pommern zurück nach Ostpreußen gewandert sei. Eine Frau hätte sie in Schönwiese bei Heilsberg in einem Straßengraben als ein elendes Häufchen gefunden. Sie müsse da schon länger gelegen haben, ist dann von der Frau aus Schönwiese erkannt worden, jedoch bald darauf verstorben. Die Frau hat auch dafür gesorgt, daß Oma beerdigt wurde. Oma hatte Freundinnen in Heilsberg und auch Bekannte im nahegelegenen Ort Schönwiese, unweit von Gutstadt. Dorthin hat sie wohl ein innerer Trieb geführt, wo dann ihr Leben vor Erschöpfung ein so jämmerliches Ende fand.

Mutter brach fast zusammen, sie hatte große Schuldgefühle, die sie ihr Leben lang gequält haben. Was die Ärmste wohl noch alles durchgemacht hat, es war doch Winter, und wie mag sie nur den weiten Weg zurückgegangen sein? Im Straßengraben ist sie dann verendet. Mutter hat oft geweint und gebetet, weil sie immer glaubte, es sei nur ihre Schuld, daß Oma so umkommen mußte. In dem Brief stand weiter: "In Tolks sind noch viele Leute, die nach der Flucht wieder nach Hause gegangen sind. Frau Schmidtke ist auch wieder zurückgewandert. Junge Burschen und Mädchen sind verschleppt oder erschossen worden. Bartenstein soll sehr zerstört sein, und die Menschen leben dort unter furchtbaren Verhältnissen."

Da wurde uns wieder bewußt, wieviel Glück wir doch auf unserer Flucht hatten und oft aus schrecklichen, gefahrvollen Situationen mit heiler Haut davonkamen, um endlich hier oben zu landen. Wenn auch hinter Stacheldraht, aber wir lebten, waren gesund und wußten, daß unser Vater uns sucht.

Am "schwarzen Brett" war zu lesen, daß das Lager Skagen aufgelöst werden solle. Jeder durfte einen Bogen ausfüllen und Angaben machen, ob er zu Verwandten in ein anderes Lager wolle. In Dänemark hatten wir noch niemand gefunden und somit wurden wir für das Lager Skjellerup vorgesehen. Ein Ort, der 150 km weiter südlich, Richtung Deutschland liegt.

Am 20. August mußten wir unsere Habseligkeiten zusammen - packen, die aus unserer Kleidung und ein paar Wolldecken bestanden. Mein Lehrmeister, Herr Plaga, blieb noch im Lager, aber Max Arendt sollte auch mit nach Skjellerup, worüber ich mich sehr freute. "Vielleicht können wir dort wieder zusammen arbeiten?" hofften wir. Man brachte uns auf Lastwagen zum Bahnhof und mit einem Personenzug, unter Bewachung dänischer Posten, nach Hobro, einer Stadt am Mariager Fjord. Auf Lastwagen ging die Fahrt weiter durch freies Gelände, bis wir nach ca. 15 Min. vor einem Lagerzaun mitten in einer Wildnis hielten. Weit und breit baumlose Steppe, im Hintergrund war die Landschaft etwas hügelig, und über allem blauer Himmel.

Die Posten hatten ihre Gespräche beendet, zogen den Schlagbaum hoch, und wir konnten passieren. "Das ist ja ein sonderbares Lager", dachten wir, "einsam und verlassen!" Die kleinen Baracken sahen sehr schön aus. Sie standen etwa 50 m auseinander. Daran fuhren wir vorbei und hielten in der Lagermitte vor größeren Baracken, direkt vor der Lagerverwaltung. "Absteigen und beim Gepäck bleiben", sagte man uns. Jemand von der Lagerleitung verlas eine Liste mit unseren Namen und stellte fest, daß wir alle vollzählig seien.

Junge Burschen halfen uns, unser Gepäck zu tragen, und führten uns zu einem kleinen Häuschen, das nun unsere neue Herberge sein sollte. Nach einer längeren Wegstrecke standen wir am Haus 28 und wurden an der Tür von einer Familie Münther empfangen. Sie wohnten schon längere Zeit hier und freuten sich, daß nun noch jemand die zweite Hälfte des Hauses bezog. Es wäre doch sehr einsam hier draußen, meinten sie. Der Mitteleingang des Hauses war durch einen Windfang geschützt. Münther's wohnten links, wir gingen rechts in einen schönen, großen Raum, der für 5 Personen eingerichtet war. Alle wichtigen Möbel, die man braucht, waren vorhanden. Als wir ausgepackt hatten, fühlten wir uns richtig wohl. Frau Münther hatte 4 Töchter. Die älteste von ihnen war auch 14 Jahre alt. Die Familie stammte aus Königsberg. Ihren Vater vermuteten sie in Rußland, hatten aber keine Nachricht von ihm. Sie erklärten uns, wie man sich so einigermaßen zurechtfindet. Alles andere würde uns bei der Essenausgabe mitgeteilt.

In der Baracke 30, ca.100 m entfernt, wohnten Berliner. Mit einem Sohn der Familie, der in meinem Alter war, schloß ich gleich am zweiten Abend Freundschaft. Rudi hatte eine Tätigkeit in der Großküche im Verpflegungslager und mußte alles, was zum Essen gebraucht wurde, heranschleppen. Ich wollte gern wieder in eine Tischlerei. Leider gab es die hier noch nicht, doch in absehbarer Zeit sollten eine Schlosserei und Tischlerei eingerichtet werden.

Rudi meinte: "Wenn du in der Küche arbeitest, hat das so manchen Vorteil bei der Essenzuteilung, für euch alle." Mutter überredete mich, es doch erst einmal zu versuchen, dann aber zu einem späteren Zeitpunkt in der Tischlerei anzufangen.

Ich meldete mich also auch zur Küchenarbeit. Dort lernte ich die jungen Mädchen und Frauen kennen, die am Kessel das Essen ausgaben. Ich sollte ihnen "einen Wink geben", damit sie Mutter erkannten, dann würden sie "das schon machen."

Mutter wunderte sich, daß sie so viel Essen bekam. Besonders wenn es Eintopf gab, dann blieb für die Familie Münther auch noch etwas übrig. Abends brachte ich oft Früchte oder Gemüse mit, nur die Arbeit war doch sehr schwer für mich, obwohl unser Vorarbeiter sagte: "Laß mal die großen Behälter stehen und mach etwas Leichteres." Es ließ sich aber nicht immer so einrichten, und dann schleppte ich doch wieder die schweren Kübel und war abends, schmächtig wie ich war, mit meinen Kräften am Ende.

Am 16. September wurde ich 15 Jahre alt, und das gesamte Küchenpersonal gratulierte mir und nachmittags gab es für alle Kaffee und Kekse. Es dauerte nur eine halbe Stunde, aber wir hatten eine kleine Geburtstagsfeier.

Überraschend kam am 1. Oktober die Nachricht, daß ich meine Tätigkeit in der Küche beenden solle, denn ich könne wieder in der Tischlerei anfangen zu arbeiten. Max Ahrendt freute sich, als ich da ankam. Ich erhielt die Werkbank neben ihm zugeteilt, und wir führten oft gemeinsam größere Arbeiten aus. Die große Halle war einmal unterteilt. Im Nebenraum fertigte ein alter Schlossermeister namens Berger mit ein paar jungen Leuten aus Metallresten alles an, was im Lager benötigt wurde.

Vor unserer Halle wurde eine alte abgeschossene Jagdmaschine abgeladen, die zum größten Teil aus Dural bestand, sagten die Schlosser, also aus einem festen, leichten Aluminium. Alles, was bestellt wurde, machten sie aus diesem "Vogel."

Wir in der Tischlerwerkstatt verwendeten auch ab und zu Spiritus zur Aufarbeitung von Möbeln. Der alte Schlossermeister hatte das bald herausbekommen und handelte unserem Meister etwas von dem Zeug ab.

Eines Tages hatte er davon einen furchtbaren Fusel gebraut. Sein Geburtstag wurde gefeiert, sie prosteten sich immer wieder zu, und unsere alten Herren und er waren von dem Gesöff ganz schlimm besoffen. Wir dachten schon, sie würden das nicht überleben. Der Schlosser meinte aber: "Was ihr wohl glaubt? Der alte Berger hat schon ganz was anderes überlebt." Ich glaube, sie hatten eine richtige Alkoholvergiftung.

Ab jetzt mußten wir zur Berufschule, in der unsere Kenntnisse in Rechnen und Schreiben von einem alten Herrn wieder aufgefrischt und uns vor allen Dingen das Zeichnen beigebracht wurde. Wir hatten lange keinen Unterricht gehabt und arbeiteten alle konzentriert mit, denn er kannte sich im Handwerk sehr gut aus, was für uns natürlich Vorteile hatte.

Eines morgens kam jemand in unsere Werkstatt und fragte den Meister, ob einer von uns Sägen schärfen könne. Im Brennholzlager sei der alte Herr, der das sonst erledigt, erkrankt. Max meinte, wenn es nicht zu lange dauert, solle ich doch mal dort mit hingehen, ich könne das schon sehr gut.

Also war ich abkommandiert zum Schärfdienst. In einer kleinen Baracke fand ich alle Vorrichtungen und fühlte mich eine Zeitlang ganz wohl dabei. Schrotsägen, Bügel - und Astsägen, Fuchs-schwänze, alles war stumpf. Ich habe dort so viele Sägen geschärft und geschränkt, daß ich das in meinem Leben nicht mehr verlernen werde. Nach einiger Zeit kam der alte Schärfmeister gesund wieder und seine Tätigkeit begann mit Kontrollen, um eventuell verfeilte Sägen zu finden. Fand er aber nicht, und ich durfte zurück in die Werkstatt.

Unsere kleine Gretel wurde am 29. September 5 Jahre alt. Mutter hatte Stoffreste zusammengesucht und eine Puppe gebastelt, die Gretel auch an und ausziehen konnte. Sie hatte ihre Ausziehpuppe immer auf dem Arm und freute sich.

Wir hörten im Radio, daß die englische Zone 12.000 Flüchtlinge aufnimmt, aber nur solche, die dort beheimatet sind. Jeden Monat sollten es etwa 1.000 Personen sein.

Es war zum Verzweifeln, wenn das so weiterginge, müßten wir hier noch Jahre ausharren. Wir hatten immer noch keine Post, weder von Vater noch vom Roten Kreuz. Mutter tröstete sich und meinte, es würden wohl auch zu viele gesucht.

Am 27.Oktober hatte unsere Gertrud und am 29.Oktober unsere Mutter Geburtstag. Frau Münther kam mit ihren Kindern zu uns und wir feierten gemeinsam. Mutter hatte ein kleines Abendessen vorbereitet. Alle Gespräche drehten sich nur um Ostpreußen und unsere Verwandten. Münthers wußten auch nicht, was ihnen die Zukunft bringt. Sie hatten weder ihren Vater, noch einen Verwandten gefunden und warteten darauf, daß sich bald jemand über den Suchdienst meldet.

Etwas ganz besonderes hier im Lager war eine große Sauna. Das entschlacke den Körper und solle sehr gesund sein, wurde gesagt.

Selbstverständlich mußten wir da auch mal rein. Es kam mir sehr gelegen, dort gleich zu duschen, wenn ich abends von der Arbeit kam. Zuerst war alles etwas ungewohnt, aber dann lagen wir auf den Bänken und schwitzten.

Mit einigen anderen jungen Männern verließ ich den Saunaraum, drehte im Vorraum einen Wasserhahn auf und hielt die Hand unter, um einen Schluck kaltes Wasser zu trinken. Da gab mir einer der vorbeigehenden Burschen einen Stoß, und ich schlug mit meinen unteren Zähnen gegen den Wasserhahn, wobei vier Zähne so schlimm zurückbogen, daß sie unter der Zunge saßen. Es war ein schreckliches Gefühl und ich jammerte und wußte nicht, was ich tun sollte. Die Jungs waren verschwunden, nur ein älterer Herr sprach mich an, und ich zeigte ihm, was geschehen war. Es blutete sehr stark und der Mann sagte: "Die Zähne sind umgeknickt, versuch doch mal, ob du sie wieder aufrichten kannst." Ich zitterte, doch er legte seine Hände auf meine Schultern und sagte: "Faß mit den Fingern in den Mund und zieh sie wieder nach vorne."

Unter Stöhnen zog ich sie dann in die vermeintlich richtige Lage und hatte nicht einmal größere Schmerzen dabei. Er sah sich das an und meinte: "Die sitzen wieder senkrecht", aber ich fühlte mit der Zunge, daß sie sehr lose waren. "Damit mußt du aber zum Zahnarzt und möglichst bald", sagte er noch.

Mein Mund schwoll sehr an, und ich konnte nichts essen, hatte aber auch keinen Hunger. Meine Krankmeldung mußte Helmut in die Tischlerei bringen.

Nach ein paar Tagen kam ein Zahnarzt ins Lager, der sehr erstaunt war, als ich ihm erzählte, daß ich die Zähne in die alte Lage gerückt hätte. Mutter machte jetzt für mich das Mittagessen etwas "flüssiger." Nach einer Woche ging ich wieder in die Werkstatt. Ich hatte mich an die "Wackelzähne" gewöhnt.

Es war schon Advent. Von der Lagerleitung waren Teile bestellt worden, die zur Weihnachtsfeier gebraucht wurden, jedoch vorher in der Bastelabteilung weiterbearbeitet und einen Anstrich erhalten sollten. In der Schlosserwerkstatt wurden aus dem Aluminium Fensterschmuck, Suppenkellen, Armreifen und Ringe gefertigt. Für Mutter habe ich zu Weihnachten auch eine Suppenkelle gehämmert. Ich hatte den Eindruck, sie freute sich darüber. Nach einem Schiffsmodell baute ich ein Alu - Schiff mit Innenbeleuchtung, die durch die Bullaugen schien.

Das stand später auf einem Bord zwischen unseren Betten als Nachtlampe. Kurz vor Weihnachten wurden alle Bastelsachen, die für die Kinder angefertigt worden waren, in einer Turnhalle ausgestellt, damit die Erwachsenen die Vielfalt an Geschenken bewundern konnten. Unterhaltungsspiele, Puppen, kleine Figuren und viele Spielzeuge aus Holz, sehr schön angemalt, standen da. Dänische Presseleute fotografierten das alles und staunten, daß die Deutschen aus Resten so schöne Dinge hergestellt hatten.

Es ging auf Weihnachten zu. Mutter backte Weihnachtsplätzchen, machte eine Art Marzipankartoffeln und einen besonderen Kuchen mit knusprigen Haferflocken. Alles roch schon nach Weihnachten.

In einer großen Halle fand dann eine Weihnachtsfeier mit Ansprachen des dänischen und deutschen Lagerleiters statt. Kinder sagten Gedichte auf und wurden anschließend mit Spielsachen beschenkt. Für die Erwachsenen, die sogar vorher Wünsche äußern durften, gab es in einer Kleiderkammer etwas anzuziehen. Jeder erhielt nur ein Teil, da überlegten alle genau, was sie wohl am dringendsten benötigten. Es waren dänische Spenden. Alle waren froh, ein brauchbares Stück erhalten zu haben.

Einen Weihnachtsbaum hatte hier im Lager niemand, denn draußen war freies Gelände, bewachsen, mit Ginsterbüschen und Gräsern, die im Winter verheizt wurden. Somit waren überall kahle Flächen, die von Wildkaninchen unterhöhlt waren.

Die Feiertage verliefen in diesem Jahr nicht so schön. Am Heiligabend saßen wir im dunklen Zimmer, sangen ein paar Weihnachtslieder und wünschten der Familie Münther ein frohes Fest. Es wollte einfach nicht feierlich werden, denn es hatten wohl schon alle Heimweh. Einen Weihnachtsgruß hatten wir von niemandem erhalten. Es war etwas umständlich, die Post zu befördern, denn meistens brachte sie ein Pastor oder Arzt aus anderen Lagern mit.

Über die große Steppe und unsere Häuschen wehte immer ein kühler Wind, aber eine weiße Weihnacht wurde es nicht. Zum Zeitvertreib hatte ich aus der Schlosserwerkstatt kleine Bleistücke mitgebracht, und damit versuchten wir am Silvesterabend unser Glück im Bleigießen. Immer wieder wurde das Blei in der Ofenglut geschmolzen. Staunend wunderten wir uns jedesmal über die seltsamen Gebilde, aber einen Glücksklee brachte niemand zustande. Mutter und Frau Münther bereiteten zum Abend einen Punsch, dazu gab es Plätzchen.

Um 24.00 Uhr hörten wir Feuerwerkgeräusche, und in Hobro läuteten die Glocken. Eine kurze Zeit schauten wir uns das Feuerwerk an, und wir Kinder riefen "Prosit Neujahr."

Jetzt hatten wir schon das Jahr 1947 fast zwei Jahre nach dem furchtbaren Krieg. Wir hofften, es würde uns einen Brief von Vater bringen, daß wir auch nach Deutschland kommen dürften.

Am 20. Januar1947 wurde uns ein Brief aus Frederikshaven überbracht. Darin teilten uns die Nachbarn mit, sie hätten schon ihre Sachen gepackt und sollten am 18. Januar die Heimreise antreten dürfen. Sie würden sich aus Deutschland wieder melden, wünschten uns für's neue Jahr viel Glück und vor allen Dingen, daß wir auch bald die Reise nach Deutschland antreten könnten.

Es schneite und wurde richtig Winter. Wege gab es hier in der Wildnis nicht, und so stapften wir zur Essenküche und den Werkstätten durch den Schnee. Die dunklen Holzhäuschen hatten alle ein dickes weißes Dach, und wenn der Wind wehte, sah man kaum eine Menschenseele im Freien. Früh morgens rätselten wir, welche Tiere wohl ihre Spuren im Schnee hinterlassen hätten.

Am 25. Januar war Vaters Geburtstag. Mutter bedauerte es, daß sie nicht die Anschrift von den Leuten in dem Klosterort wüßte, die Vater ihr damals aufgeschrieben hätte, aber er wäre bestimmt schon dort und würde sich auch bald melden.

Am 28. Januar kam ein Brief vom Roten Kreuz, in dem stand, daß unser Vater in Hedendorf, Kr. Stade, lebt und uns sucht.

Den Brief vom Roten Kreuz brachte Mutter zur Lagerleitung, erkundigte sich, wie es jetzt weiterginge und erfuhr, daß sofort ein Brief abgeschickt würde. Wir müßten aber warten, bis Vater eine Zuzugsgenehmigung mit dem Nachweis einer Wohnung schickte.

Endlich, am 30. Januar, kam Post von unserem Vater. Er hatte einen langen Brief geschrieben, und wir Kinder wollten auch immer mitlesen. Mit einem der letzten Schiffe, das nach Deutschland ginge, sei er aus dem Kurland-Hafen Libau gekommen und in Lübeck gelandet. Familienväter mit 4 oder mehr Kindern wurden dort ausgesucht, die noch zurück ins Reich durften. Er hätte das Glück gehabt, auch dabei zu sein. In Schleswig Holstein hätte er dann Arbeit bei einem Bauern gefunden und sei dort einige Monate geblieben. Er mußte froh sein, zu der Zeit Arbeit und Essen zu bekommen. Von dort hätte er einen Brief an die Familie Lühmann nach Neukloster geschickt und die Mitteilung erhalten, wegen seiner Kenntnisse in der Landwirtschaft solle er so bald wie möglich nach Neukloster kommen. Er hätte sich dann auch aufgemacht und sei bei den Leuten sehr gut aufgenommen worden.

Seine Kenntnisse über Pferde hätten ihm dazu verholfen, eine Beschäftigung bei einem Pferdehändler Prigge in Hedendorf zu erhalten. Nun wäre er schon längere Zeit bei Prigge und brauchte erst einmal keine Not zu leiden. Er freue sich, daß er uns gefunden habe und versuche, uns so schnell es ginge aus Dänemark zu holen. Einen Antrag bei der Gemeinde hätte er gleich gestellt, als er die Nachricht vom Roten Kreuz erhielt, und auch die Genehmigung bei den Engländern wäre beantragt. Nun wolle er versuchen, für uns alle eine Wohnung zu beschaffen.

Die Bauern gäben nicht mehr gern Wohnraum ab. Die meisten von ihnen hätten schon Flüchtlinge aufgenommen und nun noch eine Familie mit 4 Kindern, das ginge schlecht. Er kenne aber sehr viele einheimische Bewohner und würde bestimmt eine kleine Wohnung für uns finden. Von Opa und Oma Krause, seinen Eltern, habe er bis jetzt nichts erfahren und auch nichts von Oma Elias und anderen Verwandten. Von der Einkesselung in Ostpreußen. schrieb er, und daß viele Menschen verschleppt und umgekommen, auf dem Haff eingebrochen und mit den Schiffen untergegangen seien. Er freue sich sehr, daß wir so ein Glück gehabt hätten, mit einem der Schiffe nach Dänemark zu kommen. Seine Hoffnung wäre immer gewesen, uns in Neukloster zu finden, weil wir ja die Anschrift bekommen hätten. Nun wolle er aber alles Nötige veranlassen, um uns abholen zu können.

Mutter schrieb einen sehr langen Brief, berichtete ihm über unsere schreckliche Flucht, wobei wir unsere Oma verloren haben. Sie weinte, ob es Freude war, oder Trauer über unsere Oma, vermag ich nicht zu sagen. Dann führte sie Gretels Hand und schrieb damit einen Gruß unter den Brief, und zum Schluß mußten Gertrud, Helmut und ich noch unsere Grüße schreiben.

Als sie den Brief im Büro abgegeben hatte, kam sie mit der Nachricht zurück, daß sie sich gleich zur Ausreise angemeldet habe, wir kämen demnächst in ein größeres Sammellager, wo Transporte nach Deutschland zusammengestellt würden.

In der Tischlerei erzählte ich Max Arendt davon, und er sagte: "Mensch Junge, das freut mich aber, jetzt wirst du wohl bald abdampfen. Wenn es so weit ist, dann laß dir eine Bescheinigung geben, daß du hier bei uns in der Lehre warst." Daran hatte ich nicht gedacht. Ich freute mich nur darauf, endlich nach Deutschland zu kommen! Max hatte auch noch Verbindung zu dem alten Meister Plaga und wollte ihn bitten, mir zu bescheinigen, daß ich in Skagen in der Lehre war.

GEDANKEN UND VORBEREITUNGEN
ZUR FAHRT NACH DEUTSCHLAND.

Im Lager Skjellerup war immer noch Winter. Eiszapfen hingen an den Dächern, die, wenn die Sonne schien, immer noch länger wurden, um dann endlich krachend zur Erde zu poltern. Aus den Schornsteinen stieg besonders am frühen Morgen dicker Rauch, weil jeder den Ofen anheizte um ein Frühstücksgetränk warm zu machen. Ich ging dann schon recht früh in die Werkstatt. Aus einigen anderen Häuschen stapfte auch so mancher langsam durch den Schnee, um zu seinem Arbeitsplatz zu kommen.

Max meinte eines Morgens, ich solle mir einen Koffer "zusammenzinken", es wären ja genügend Holzseiten verleimt und Sperrholzböden zugeschnitten. "Da baust du in deinen Koffer einen doppelten Boden und damit das nicht auffällt, zeige ich dir, wie man das macht." Es war nicht erlaubt, Gegenstände aus dem Lager nach Deutschland mitzunehmen. "Etwas Brauchbares habe ich schon gesammelt, aber das bleibt unter uns, du hast mich doch verstanden?" sagte er und seine Augen sahen unter den buschigen Augenbrauen sehr furchteinflößend aus. "Na klar", erwiderte ich, "aber bloß nicht zu viel, sonst wird der Koffer zu schwer." "Mach den Koffer drei cm tiefer, das fällt noch nicht auf, und dann nutest du einen zweiten Boden ein."

Nach ein paar Tagen war meine Arbeit fertig. Er kam mit allerhand brauchbaren Werkzeugen wie Hobeleisen, Stecheisen, Sägen, Hammer, Feilen, Bohrer und noch vielen anderen Kleinigkeiten."Das sind Dinge, die du sehr gut in Deutschland gebrauchen wirst."Sauber und ohne, daß etwas verrutschen konnte, wurde alles in den Doppelboden gelegt. Der Rest mußte wegen der Trommelgeräusche etwas ausgepolstert und der Außenboden untergeleimt werden. Mutter war gar nicht davon erbaut, als ich ihr das erzählte, aber weil man wirklich nichts sehen konnte, beruhigte sie sich dann doch wieder. Max hatte immer alles im "Griff" und sein Augenmaß war besser als mein Zollstock. Das bewunderte ich an ihm, aber er meinte:"Das lernst du auch noch."

Am 2. März 1947, als ich abends nach Hause kam, erzählte Mutter, daß wir am 5.3. in ein anderes Lager fahren. "Rye" stand auf dem Zettel, aber wo das liegt, wußte sie auch nicht.

Es solle weiter Richtung Deutschland sein. Wenn Post an uns käme, würde sie nachgeschickt. Wir waren wieder einmal am Packen. Ich meldete mich in der Tischlerei ab und bekam sogar eine Bescheinigung über meine Tischlerlehre mit einer Unterschrift des dänischen Lagerleiters. Bei der Verabschiedung mußte ich Max versprechen, ihm aus Deutschland zu schreiben, was ich auch getan habe. Er nahm mich in seine Arme und sagte: "So mein Junge, nun dampf ab, ich muß wohl noch hierbleiben!"

Am 5. März hatten wir uns mit ca. 60 Mitreisenden vor dem Gebäude der Lagerleitung versammelt und wurden mit Lastwagen zum Bahnhof nach Hobro gebracht. Münther´s blieben traurig in dem kleinen Haus allein zurück. Die vier Mädchen standen dicht bei ihrer Mutter und winkten, solange sie uns sehen konnten. Ihre Zukunft war noch so ungewiß, denn sie hatten bis jetzt aus Deutschland von keinem Verwandten eine Nachricht erhalten.

Unendlich lange standen wir in Hobro auf dem Bahnsteig, wurden von den Posten erst einmal gezählt. Sie waren sichtlich zufrieden,

216

daß die Zahl stimmte und setzten sich sogar zu uns und einer fragte mich, was ich denn machen würde, wenn ich in Deutschland wäre. Wenn es möglich sei, würde ich gern meine Lehre beenden und dann arbeiten. Ja, in die Nähe von Hamburg wolle ich?, da hätte man bestimmt Arbeit genug, da sei doch alles zerstört, meinte er.

Wir fuhren über Randers, Arhus, Skanderborg nach Rye. Für uns war dort Endstation, wir stiegen alle auf Lastwagen und wurden nach Gammel-Rye in ein riesiges Lager gebracht. Staunend fragten wir, wieviel Leute denn hier wären und bekamen zur Antwort: "Hier sind ungefähr 8000 Personen untergebracht."

Wie eine Stadt sah das Lager aus. Sehr große, neue Baracken, sogar mit festem Unterbau, Kino, Theater, Speiseräume, Sporthallen, Krankenstationen, Verwaltung standen hier. Die Wohnbaracken hatten Räume für 8 -10 Personen. In dem uns zugewiesenen Raum wohnte schon ein älteres Ehepaar, das sich freute, als wir ankamen. Nach Celle zu ihrer Tochter und den Enkelkindern wollten sie. Ihre Bescheinigungen wären schon alle in Ordnung, aber es dauere eben alles seine Zeit, erzählte der alte Herr.

Ich meldete mich in einer Tischlerei. Das war eine sehr große Ausbildungswerkstatt mit einem dänischen und einem deutschen Meister, drei schon etwas älteren Gesellen und 25 Lehrlingen. Der Deutsche, ein Herr Stange, beaufsichtigte unsere Arbeiten und der Däne, Herr Hansen, ordnete an, was angefertigt werden solle. Er hatte eine selbstsichere herrische Art und sprach nur in einem Kommandoton mit uns.

Wenn er morgens erschien, wurden alle nervös, denn bei seinem ersten Rundgang wollte er sehen, daß auch schon gearbeitet wurde. Da mußten schon Späne an der Werkbank liegen, sonst rief er Herrn

Stange und fluchte, warum die faule Bande denn nichts täte. Das war dann eine kleine Einschüchterung. Herr Stange beruhigte alle wieder auf seinem Rundgang und jeder ging seiner Arbeit nach.

Im Theater brauchten sie neue Kulissen für die Bühne. Ich wurde zusammen mit einem Gesellen und einem anderen Lehrling, beauftragt, in den Theatersaal zu gehen. Mit einem Herrn von der Regie sollten wir die Arbeiten durchsprechen. Wir hatten einige Zeit zu tun, um die riesigen Teile anzufertigen. Diese mußten variabel sein zum Verschachteln und als gerade oder schräge Stellwände mit Durchgängen aufgebaut werden können. Herr Stange achtete peinlichst genau darauf, daß auch alles stimmte.

Unser Vater schrieb uns einen Brief, der wieder viel Reisefieber in uns weckte. Er hätte mit seinem Arbeitgeber gesprochen und ihn um Wohnraum für uns gebeten. "Muttchen", so nannten sie die Frau Prigge, hatte versprochen, Raum für uns zu schaffen. Er wartete noch auf die Genehmigung von der Behörde. Einen Herd und Möbel würde er noch beschaffen.

Mutter schrieb ihm, daß man uns schon immer weiter Richtung Deutschland verlagere, und wir uns darauf freuten und große Hoffnung hätten, bald mit einem Transport nach Deutschland zu dürfen, müßten uns wohl noch so lange fügen, denn wir hörten immer wieder, die Bearbeitung der Papiere dauere seine Zeit.

In diesem doch sehr großen Lager hatten wir sehr viel Bewegungsfreiheit und genügend Abwechslung. Jeder bekam hier auch eine Beschäftigung zugeteilt. Es wurden sehr schöne Riemchenschuhe für Frauen und junge Mädchen angefertigt, die in der Umgangssprache "Klapperlatschen"genannt wurden. Mit einem halbrunden Brenneisen wurden Muster in die Absätze gebrannt. Die Innensohle bestand aus starkem Segelleinen. Lange Haltbarkeit hatten sie nicht, und dann waren alle dabei, sie mit allerlei Hilfsmitteln zu reparieren.

Lederschuhe wurden von einem alten Schuhmachermeister repariert, der auch peinlichst genau darauf achtete, daß wir ihn mit seinem Titel ansprachen, denn sonst hatte keiner Aussicht, von ihm angehört zu werden. Als Berufstätiger erhielt ich alte Militärsachen, Hosen und Jacken, die mir viel zu groß waren, aber Mutter änderte alles und somit konnte ich meine Kleidung schonen. Hier störte es niemanden, wenn die Hose einen Flicken hatte, der farblich nicht dazu paßte.

Wir hörten, daß die Menschen in Deutschland auch immer noch Not litten und kaum etwas Gutes kaufen könnten. Da wurde auf dem Schwarzmarkt vieles, das dringend gebraucht wurde, zu unerschwinglichen Preisen angeboten. Dennoch hatten wir ein Gefühl der Zufriedenheit, freuten uns über jeden Brief, der von Vater eintraf, auch wenn er schrieb, er hätte die Zuzugsgenehmigung von der Behörde immer noch nicht.

Helmut wurde am 4. August 13 Jahre alt, und am 15. traf ein Brief von Vater ein, in dem er schrieb, sein Antrag müßte noch von den Engländern genehmigt werden, aber dann würde es endlich so weit sein, daß wir mit einem Transport mitkämen. So warteten wir also von einem Monat zum anderen.

Es war der 16. September 1947. Ich wurde 16 Jahre alt. Die Kollegen kamen zum Gratulieren, und die älteren Gesellen fragten, wo ich "ihn" denn versteckt hätte. Ich muß sie wohl dumm angesehen haben: "Na du mußt heute doch einen ausgeben! Am 16. 16 Jahre alt, das wollen wir doch feiern." Da kam Meister Stange zum Gratulieren, er hatte das gehört und sagte:"Heute mußt du wohl alle zu Kaffee und Kuchen einladen."

Abends hatte Mutter wirklich einen ihrer "berühmten" Kuchen aus Feinbrot und anderen Zutaten, obendrauf mit gerösteten Haferflocken, gebacken, und er schmeckte uns wie richtiger Geburtstagskuchen. Sie zauberte oft tolle Gerichte.

Unsere kleine Gretel wurde am 29. September 6 Jahre alt. Als ich an dem Abend nach Hause kam, empfing mich unsere Mutter an der Tür und erzählte mir freudestrahlend, daß wir die Genehmigung aus Deutschland hätten und einreisen dürften. Von der Lagerleitung erfuhren wir, daß ein Transport nach Hamburg und Niedersachsen zusammengestellt würde, der von hier voraussichtlich Mitte Oktober abginge. Unsere Papiere seien in Ordnung. Wir sollen alles vorbereiten, wir wären dann auch mit dabei.

Nun erlebten wir, welch ein Gefühl die Hoffnung ist, nach zweieinhalb Jahren Internierung hinter Stacheldraht endlich wieder frei zu werden und nach Deutschland fahren zu dürfen. Zwei meiner Kollegen wußten, daß sie auch ausreisen durften. Wir freuten uns gemeinsam. Es war unbeschreiblich, wir konnten die Reise kaum erwarten.

Endlich war es so weit. Am 14. Oktober erhielten wir von der Verwaltung die Nachricht, daß wir am 15.10. um 11 Uhr abgeholt und in ein Sammellager gebracht würden. Das war eine Aufregung! Mutter hatte schnell gepackt und in Eile einen Brief an Vater geschrieben, unser Reiseziel sei Hamburg, und wenn er es einrichten könne, möge er uns dort abholen.

Am frühen Morgen des 15. 10. verabschiedeten wir Kinder uns

noch von ein paar Bekannten, um 11 Uhr bestiegen wir einen Lastwagen, der uns zum Bahnhof brachte. Der ganze Transport bestand aus etwa 300 Leuten, die aus diesem Lager nach Deutschland fuhren.

Der Zug brachte uns nach Kolding. Nach langem Warten wurden wir registriert. Ärzte und Krankenschwestern stellten uns Fragen über Krankheiten, die wir in Dänemark gehabt hätten.

Wer ernstliche Beschwerden hatte, wurde untersucht und ärztlich versorgt. Unsere Familie war gesund und bekam einen Stempel mit Unterschrift des Arztes.

In diesem Lager wurden nur noch Transporte zur Abfahrt nach Deutschland zusammengestellt. Hier schien alles reibungslos zu funktionieren, man hatte wohl schon Erfahrung damit.

Am 19. Okt. um 10 Uhr wurden wir zum Bahnhof gefahren. Ich trug meinen selbstgemachten Koffer mit den eingebauten "Schätzen"und Habseligkeiten, die wir sonst noch besaßen.

Irgend jemand von der Verwaltung sagte nur noch: "Gute Reise und viele Grüße an Deutschland", und wir fuhren ab. "Wie lange mag die Fahrt wohl dauern?" so fragten wir uns alle. "Wann wird der Zug in Hamburg eintreffen?" "Ob Vater auch am Bahnhof ist, um uns abzuholen?" "Wie geht es dann wohl weiter nach Neukloster und Hedendorf?" Uns war alles egal, wir wollten nur noch nach Deutschland.

Unser Zug, der nur für Ausreisende zusammengestellt war, wurde - außer dem Zugpersonal - auch wieder mit Leuten in Uniform zu unserer Begleitung besetzt. Die Uniform hatte ein anderes Aussehen als die unserer Polizei zur Lagerbewachung. Als der Zug sich endlich in Bewegung setzte, ging ein Raunen durch das Abteil. "Endlich,

endlich fahren wir in die Heimat!" Eine Frau sang leise ein Heimatlied, und ich dachte: "gleich singen alle mit", aber sie beendete das Lied alleine. Vielleicht waren die anderen auch zu bewegt, um mit verschnürter Kehle einstimmen zu können.

Ich hatte das Gefühl, wir fahren nach Hause. Obwohl mein Vorstellungsvermögen nicht ausreichte, um mir ein Bild zu machen, wie es dort wohl aussieht. An der dänischen Grenze war noch eine kurze Kontrolle ohne jegliche Formalitäten. In Flensburg wurde uns ein herzliches "Willkommen in Deutschland" aus einem Lautsprecher zugerufen.

Die dänische Bewachung begleitete uns bis Hamburg, wo wir abends in den sehr beschädigten Hauptbahnhof einliefen und wieder mit einem "Herzlich Willkommen" als Heimkehrer aus Dänemark begrüßt wurden.

Sofort hielten wir Ausschau nach unserem Vater, der aber auch nach langem Suchen nicht zu finden war. Betreuungspersonal empfing uns, fragte, wohin wir wollten und sorgte dafür, daß wir zur Weiterfahrt in den richtigen Zug stiegen. Alles war für uns organisiert. Mutter zeigte ihre Einreisepapiere, und wir begaben uns in einen Zug, der in Richtung Stade fuhr.

Plötzlich ging in Harburg ein Mann durch das Abteil und fragte laut, ob hier eine Frau Krause mit ihren Kindern wäre. Das war unser Vater. Wir hatten ihn zuletzt zu Hause in Uniform gesehen und hatten ihn noch so in Erinnerung.

Mutter erkannte seine Stimme. Es war eine große Wiedersehensfreude. Wir fanden vor Aufregung kaum die richtigen Worte. Jeder wollte etwas sagen, aber richtig erzählen konnten wir erst in den folgenden Tagen. Vom Bahnhof Neukloster gingen wir zu Fuß eineinhalb Kilometer und waren alle schlaftrunken, als Vater uns in einem großen Gebäude eine Holztreppe hinunter- führte. Es war gegen Mitternacht, als wir in Hedendorf eintrafen und unsere neue Bleibe betraten.

Wir befanden uns in einer Halle mit Pferdeboxen. Seitlich öffnete Vater Türen und machte das Licht in zwei kleinen Kammern an, die dann von einer einfachen Schirmleuchte erhellt wurden. Betten, ein Schrank, Tisch und Stühle waren vorhanden. Der etwas kleinere Raum hatte ein zweistöckiges Doppelbett, einen Tisch und Stühle und in einer Ecke stand ein Kochherd. Da saßen wir nun und konnten uns gar nicht so schnell mit der neuen Umgebung anfreunden. Es waren nur zwei sehr kleine Räume, weiß gekalkt, und der Fußboden aus Zement.

Ich hatte das Gefühl, daß für uns ein ganz anderes Leben beginnen würde. Jeder wollte noch etwas erzählen, aber wir waren viel zu müde und gingen alle ins Bett.

HEDENDORF, UNSER NEUES ZU HAUSE
20. Oktober 1947

Schon in der Frühe hörten wir, daß jemand ein Lied pfiff und in der großen Halle herum werkelte. Es war Rudi, der Sohn des Pferdehändlers. Daß Vater auch schon aufgestanden war, hatten wir gar nicht bemerkt, denn es war noch dunkel. Helmut und ich schliefen in dem doppelstöckigen Bett in der Küche.

Jetzt merkten wir erst richtig, wie klein unsere neue Wohnung war. Es waren nur Abstellräume, Gertrud und Gretel schliefen auf einer Ausziehcouch. Der Wohnraum wurde nur von einem Ofenrohr, das vom Küchenherd kam, beheizt. Alles störte uns nicht, unsere Familie war wieder zusammen, wir lebten nicht mehr hinter Stacheldraht. "Muttchen", also Frau Prigge, hatte uns zu einem Begrüßungsessen eingeladen, und wir mußten von unserem Schicksal erzählen. Sie war ganz gerührt, als sie erfuhr, was wir mitgemacht hatten. Vater sagte immer wieder: "Kinder, was habt ihr nur Schlimmes durchgemacht, das kann man sich ja gar nicht vorstellen. Soviel Grausames habe ich in den ganzen Kriegsjahren nicht erlebt." Ja, wir waren oft auch nur so eben mit dem Leben davongekommen, haben bettelarm dagestanden und dachten oft, es wäre alles zu Ende. Jetzt merkten wir, es geht wieder weiter, und wir wollten wohl alle etwas dafür tun.

Mutter ging in den Ort, um etwas Eßbares einzukaufen. Wir Kinder schauten uns Hedendorf an. Anfangs hatte ich das Gefühl, wir würden von allen Leuten angegafft, aber sie waren sehr freundlich zu uns, und die meisten wußten schon, daß wir die Kinder von Otto Krause sind, den sie alle sehr gut kannten.

Auch Rudi Prigge und seine Schwester Waltraut, die schon etwas älter war, kamen zu uns. Wir mußten ihnen von unseren schrecklichen Erlebnissen erzählen.

Hier hatte Vater seine Tätigkeit. Herr Prigge handelte mit Reitpferden, die auch ins Ausland, zum größten Teil in die Schweiz und nach Dänemark verkauft wurden. Vater bearbeitete auch die Ländereien, die Familie Prigge gehörten. Ich half dann, wo ich konnte. Vater kannte im Ort einen alten Tischlermeister, mit dem er schon über meine Weiterbildung gesprochen hatte. Auf dem Hof des Pferdehändlers sollte ich nicht arbeiten. Ich konnte ab Ostern 1948 in der "Bau - u. Möbeltischlerei Matthies" meine Lehre fortsetzen.

Helmut und Gertrud gingen hier im Ort weiter in die Schule. Obwohl unser Schulunterricht in den Kriegsjahren und danach in der Internierungszeit in Dänemark sehr oft nicht kontinuierlich stattgefunden hatte, fanden die beiden gleich den richtigen Anschluß in der Klasse. Ein alter Lehrer, so erzählte Helmut, hatte eine gewisse Abneigung gegen Kinder aus dem Osten, verhöhnte sie und nannte sie "Kaschuben". Helmut war darüber erbost und meinte, es läge wohl daran, daß der nicht genau wüßte, wo die Kaschubei anfängt und aufhört, dieser Blödmann. Gretel besuchte ab April 1948 auch die Volksschule in Hedendorf.

Es war das erste Mal nach drei schrecklichen Jahren, daß wir das Weihnachtsfest in einer richtigen Kirche erleben durften. Einheimische und sehr viele Flüchtlingsfamilien, die hier im Ort wieder eine Bleibe gefunden hatten, füllten die Kirche. Wir fanden es nach so langer Zeit unendlich feierlich.

Jeder der Einheimischen hatte damals ein oder zwei Zimmer Flüchtlingsfamilien zur Verfügung stellen müssen, aber dennoch merkte ich hier im Ort keine besonderen Spannungen oder Abneigungen der Bevölkerung gegen die Flüchtlinge.

Am angrenzenden Waldrand, in einem Barackenlager der ehemaligen deutschen Armee, waren sehr viele Zugereiste aus dem Osten untergebracht worden. Ich konnte immer wieder feststellen, daß bei Zusammenkünften wie Tanzvergnügen oder anderen Veranstaltungen im Dorfkrug die Flüchtlinge nicht allein im Abseits standen, sondern freundschaftlich von der alteingesessenen Bevölkerung aufgenommen wurden und gemeinsam mit ihnen feiern konnten. Die älteren Bewohner wollten vieles über unser früheres Leben im Osten wissen. Wenn sie erfuhren, welch schicksalhafte Flucht wir hinter uns und dann noch zweieinhalb Jahre hinter Stacheldraht gelebt hatten, waren wir integriert.

Durch unsere Tätigkeit im Ort hatten wir sehr oft Kontakt mit den Bauern und allen anderen Bewohnern und fühlten uns bald richtig heimisch. Für uns, die man mit Recht als Flüchtlinge oder Vertriebene bezeichnete, gab es besondere Flüchtlings - Ausweise, mit denen man Bahnfahrten und ähnliches zu verbilligten Preisen machen konnte. Die damaligen Verdienstmöglichkeiten waren für die Zugereisten nicht gerade die Besten.

Um am Monatsende noch für die letzten Groschen die allernötigsten Lebensmittel kaufen zu können, die oft zu Schwarzmarktpreisen gehandelt wurden, mußte sich mancher die restlichen Kartoffeln nach der Ernte auf dem Feld der Bauern suchen gehen.

Für ein paar Heringe mußte man 40 - 50 Reichsmark zahlen und eine Fahrradbereifung kostete ca. 1.000 Reichsmark. Wir, die wir auf dem Lande lebten, waren weitaus besser gestellt, als die Menschen in der Stadt, aber wenn sich ein Landarbeiter z. B. eine neue Krawatte kaufen wollte, mußte er einen ganzen Monatslohn von 30 RM bezahlen.

Das alles änderte sich jedoch in Westdeutschland schon im Jahre 1948 als das Geld kaum noch Wert hatte. Die Währungsreform wurde durchgeführt. Jeder Bundesbürger erhielt als "Startkapital" 40 Deutsche Mark (DM), durfte aber Ersparnisse, wenn er denn welche hatte, 10:1 zusätzlich umtauschen.

Später wurde an vertriebene Grundbesitzer noch ein Lastenausgleich je nach Größe des früheren Besitzes gezahlt. In diesen Genuß der Ausgleichszahlung kam dann auch unser Großvater Fritz Krause, der in Ostpreußen einen Bauernhof gehabt hatte, als er aus der russischbesetzten Zone zu uns kam. Er lebte seit seiner Ausweisung aus Ostpreußen in Sachsen bei einem alten Ehepaar. Wir hatten ihn über das Rote Kreuz gefunden. Großmutter hatte das Ende des Krieges nicht mehr überlebt.

Sie waren jedoch nicht auf ihrer Scholle geblieben, um dort zu sterben. Nein, sie hatten sich dann gemeinsam mit anderen Glomsiener Dorfbewohnern mit Pferd und Wagen vor den Russen für längere Zeit tief in einem sehr großen Wald versteckt, der ganz in der Nähe des Ortes angrenzte, und in dem sie sich auch sehr gut auskannten. Dort hatten sie sich weit im Inneren in dichtem Gehölz zwar verbergen können, aber um nicht entdeckt zu werden, hätten sie kein Feuer machen können.

Und diese Strapazen, Hunger und Kälte hatte Oma Krause nicht überlebt. An Nahrung hätte es ihnen nicht gefehlt, aber es mußte alles kalt verzehrt werden. Es war Anfang Februar, als eine junge Frau dort draußen ein Kind zur Welt brachte. Großvater war ganz erschüttert. Erst hätten sie Oma im Wald beerdigt und ein paar Tage später dann auch das Baby, ohne Sarg, nur in eine Decke eingeschlagen. "Wenn wir noch einmal in unsere Heimat kommen, zeige ich Dir die Stelle", sagte er zu mir. Aber Großvater hat seine "Scholle" nie mehr zu sehen bekommen.

Nach Beendigung der kriegerischen Handlungen in den umliegenden Ortschaften, aber auch, weil ihre Essenvorräte zur Neige gingen, hätten sie sich wieder in den Ort zurückgetraut. Der größte Teil der Gehöfte war kaum beschädigt worden. Somit durften sie sich in ihren Häusern niederlassen.

In den Stallungen waren weder Rinder, noch Schweine oder sonstiges Vieh zu finden. Die Menschen lebten in sehr ärmlichen Verhältnissen unter russischer und später unter polnischer Verwaltung. Sie durften ihr Land nicht mehr als ihr eigenes bearbeiten. Bewirtschaftet wurde alles nach dem Prinzip von Großländereien. Großvater, der seinen linken Arm verloren hatte und deshalb nicht für alle Arbeiten eingesetzt werden konnte, mußte dann Arbeitsgruppen einteilen und dafür sorgen, daß das Land ordentlich bestellt wurde. Zwei Jahre später ist er von den Polen ausgewiesen worden, lebte dann einige Zeit in Sachsen, in der von Russen besetzten Zone, wo wir ihn dann durch den Suchdienst fanden, und er zu uns nach Hedendorf kam.

Ich werde die schöne Ferienzeit, die ich als Schuljunge bei meinen Großeltern verbringen durfte, nie vergessen. Sie nannten nur einen kleinen Bauernhof ihr Eigen, aber alles war sauber und gepflegt, worauf sie auch stolz waren.

Am Sonntag gönnte Großvater sich immer einen Ausflug durch Wald und Flur. Dann spannte er seine beiden Pferdchen, Liese und Lotte, vor einen Kletschwagen, der sonst zugedeckt mit einer Plane in einem Schuppen stand, und ich durfte mit ihm ein paar Stunden durch die Natur fahren. Die Pferde kannten den Sandweg, der eine Strecke durch den Wald führte, schon ganz genau. Wir saßen auf dem schön gepolsterten Wagen, eine Lederdecke über den Knien, und ich durfte die verzierten Leinen halten. Er hatte nur einen Arm, den er um mich legte, lachte und sagte:"Nun fahr man, mein Jung."

Meine Lehre konnte ich am 1. April 1948 in der "Bau - und Möbeltischlerei Heinrich Matthies" in Hedendorf fortsetzen. Ich besuchte einen Tag in der Woche in Harsefeld die Berufschule und beendete die Lehre am 31. März 1950 unter Anrechnung der Lehrzeit, die ich in Dänemark begonnen hatte, mit der Gesellenprüfung. Die Tätigkeit in der Tischlerei setzte ich noch viele Jahre fort.

Hiermit möchte ich meinen Bericht beenden, alles Folgende ist ein anderes Kapitel.

DIE GESCHICHTE KENNT
KEIN SCHLUSSKAPITEL

Im Buch der leidvollen Geschichte Ostpreußens wurde ein Blatt umgeschlagen. Andere Blätter werden folgen und keiner weiß, was auf ihnen stehen wird. Die Geschichte kennt kein Schlußkapitel. Das Gesicht der ostpreußischen Landschaft und der Geist der großen deutschen Denker, der von ostpreußischem Boden in die Welt hinaus wehte, ist unzerstörbar.

Astronomen wie Nikolaus Kopernikus, Friedrich Wilhelm Bessel und Friedrich Wilhelm Argelander, sowie Gustav Robert Kirchhoff, der das Sonnenspektrum erforschte und die Spektralanalyse entdeckte.

Große Denker und Philosophen, wie Emanuel Kant, Johann Georg Hamann und nicht zuletzt Johann Gottfried Herder brachte das Land hervor, in der Literatur Hermann Sundermann, Agnes Miegel und Ernst Wiechert, Käthe Kollwitz aus der bildenden Kunst und aus dem Reiche der Musik sind es Otto Nicolai und Walter Kollo mit ihren Opern und zahlreichen Operetten, die in alle Welt hinausgetragen wurden.

Dieses alles ist nur ein Bruchteil der hervorragenden großen Persönlichkeiten, die vom Boden Ostpreußens aus geistige Impulse hinaus in alle Welt getragen, die Wissenschaften, Literatur und bildende Kunst tief beeinflußt haben.

Selbst der kleine Ort Trakehnen in Ostpreußen bleibt mit seiner Warmblutzucht der Trakehner Pferde unvergessen, die Weltruhm erlangt haben.

OSTPREUSSEN UND
SEINE GESCHICHTE

Das Gebiet Ostpreußen wird seit dem Ende der letzten Eiszeit bis heute von Menschen bewohnt. In frühgeschichtlicher Zeit lebten hier die Prussen. Mit der Kolonisation durch den Deutschen Ritterorden tritt das Land in der Mitte des 13. Jh. ins Licht der Geschichte als eines der letzten Gebiete Mitteleuropas. Prussen legten den Grundstock, und die vielen Zuwanderer aus dem deutschen Kulturraum und Einwanderer der Neuzeit formten und brachten ihren Teil ein: Masowier, Litauer, Oberdeutsche aus dem Salzburgischen Land und der Schweiz, Mennoniten aus den Niederlanden, Hugenotten aus Frankreich, sie alle verschmolzen zum Neustamm der Ostpreußen.

DUNKLE WÄLDER STILLE SEEN

Ostpreußen hat außer stillen, gewaltig großen Wäldern und den 3000 kristallenen Seen jedoch noch mehr zu bieten.

Einzigartig ist die Ostsee-Küste: Schmale Landzungen, die Nehrungen, schnüren die Küstenseen, das Frische und das "Kurische Haff", von der Ostsee ab und bilden so eine Ausgleichsküste mit mächtigen Dünenformationen.

Niederungslandschaften begegnen uns im Weichsel - und Memeldelta. Eine Besonderheit sind die untergegangenen Wälder im Tertiär (60 Mio. Jahre) an der Küste des Samlands, die immer wieder fossiles Harz, den Bernstein freigeben. So ist Ostpreußen auch das Bernsteinland, des edlen Werkstoffs für das Schmuckhandwerk. Schon im Hochmittelalter hieß das Land zwischen Weichsel und Memel "Preußen" und später "Ostpreußen"; denn der ursprüngliche Name ging auf den größeren Staat, das Königreich Preußen, über.

In frühgeschichtlicher Zeit bewohnten und widersetzten sich die Preußen einer Einbindung in fremdes Staatsgefüge. Mitte des 13. Jh. endete die Epoche der Frühgeschichte im Preußenland.

Die nachfolgende Geschichte läßt sich in vier Abschnitte gliedern: Ordenszeit 1231-1525 Herzogtum Preußen 1525-1701 Königreich Preußen 1701-1772 Provinz Ostpreußen seit 1772

1732 siedelten sich 15.000 evangelische Salzburger, die ihre Heimat aus Glaubensgründen verlassen mußten, in Ostpreußen an, deren Zuzug wesentlich zur neuen wirtschaftlichen Konsolidierung Ostpreußens beitrug.

Nach der Niederlage 1806/07 gegen Napoleon war Ostpreußen letzte Bastion Preußens.

Nach einer langen Friedensperiode wurde die Provinz 1914/15 erneut Kriegsschauplatz. Die Russen drangen tief ins Land ein; durch die Siege in Tannenberg und an den Masurischen Seen wurde es aber wieder befreit. Bestimmungen des Versailler Vertrags trennten das Memelland und das Gebiet um Soldau von Ostpreußen ab und hatte nur durch den "Polnischen Korridor" seine direkte Verbindung zum übrigen Reich.

Der letzte Teil des Zweiten Weltkrieges brachte dann den schwersten und unglücklichsten Abschnitt in der langen Geschichte

Ostpreußens. 1944/45 nahmen die sowjetischen Armeen das Land ein, zerstörten es mit Unterstützung amerikanischer Bomber weitgehend; seine Einwohner flohen, viele kamen ums Leben, wurden verschleppt und der Rest, bis auf sehr wenige, vertrieben.

Knapp 17 Millionen Deutsche haben als Folge des Zweiten Weltkrieges von 1944 bis 1950 in Osteuropa ihre Heimat verlassen müssen. Rund 4,5 Millionen blieben verschollen und 2,2 Millionen kamen um.

Etwa 11.880.000 Vertriebene fanden bis 1950 in den Grenzen der heutigen Bundesrepublik Deutschland Aufnahme. Außerdem gingen 500.000 nach Österreich oder nach Übersee.

INHALTSVERZEICHNIS

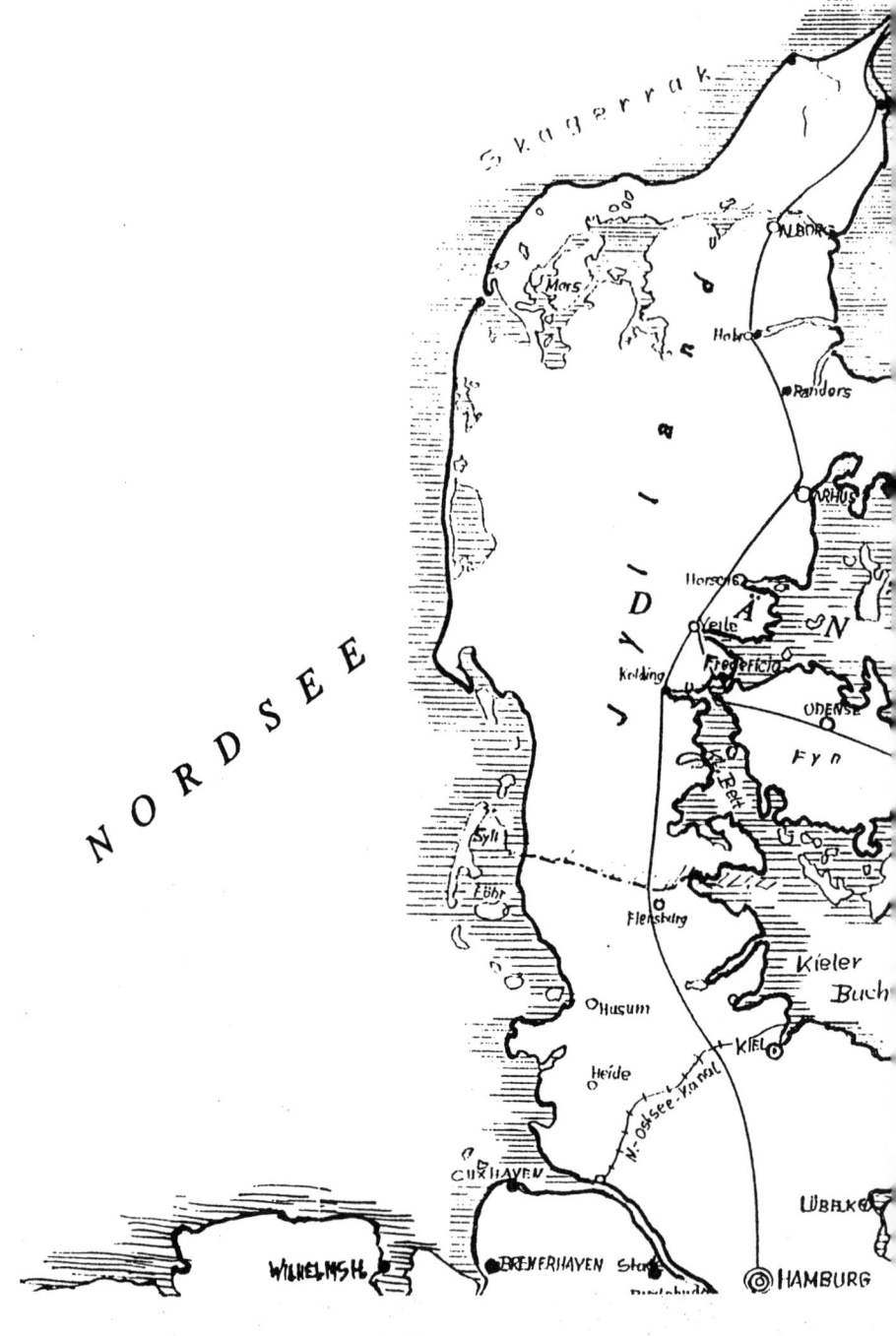

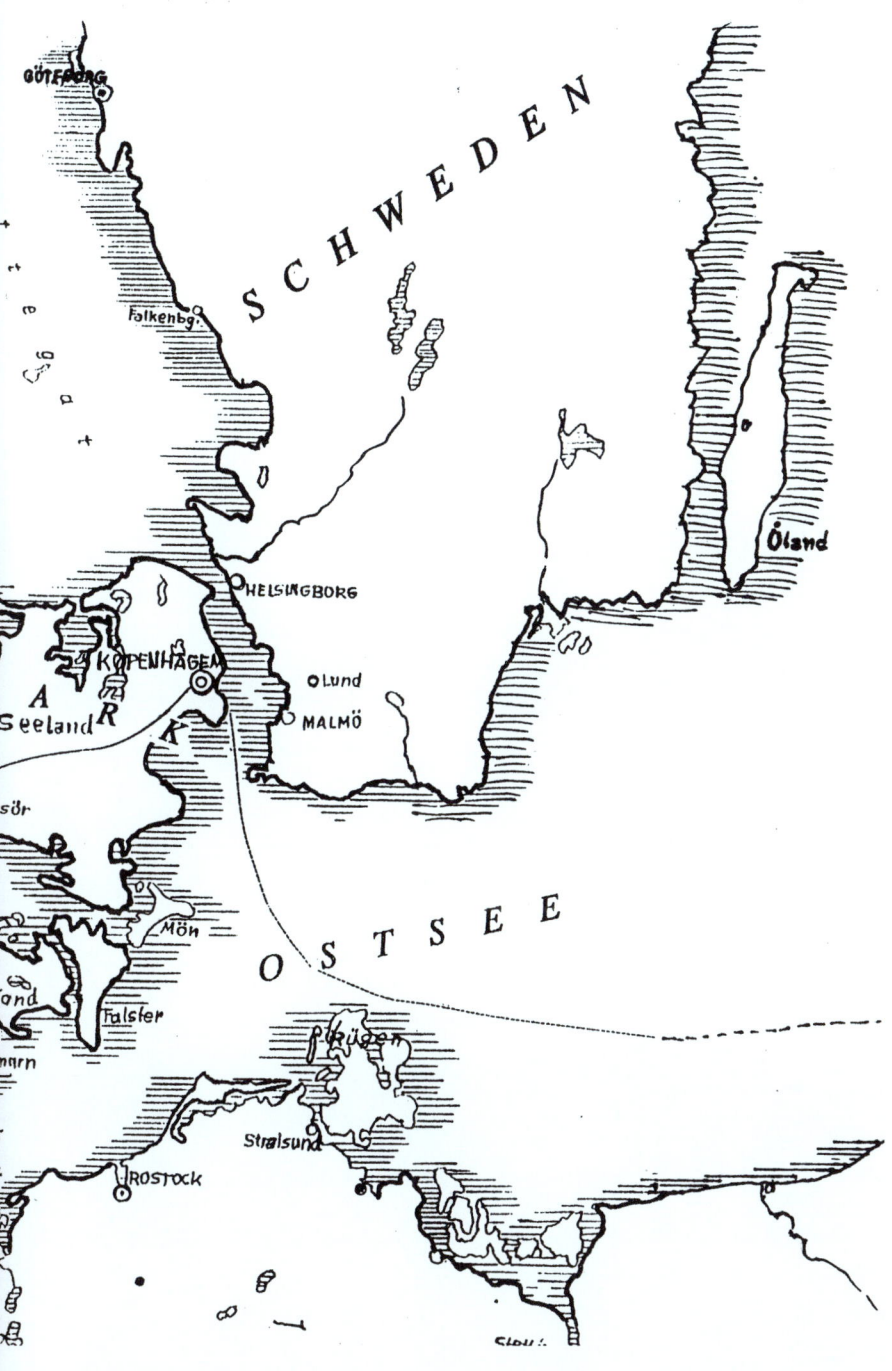